和谐校园文化建设读本

中小学生历史常识一本通

姜楠/编写

吉林教育出版社

图书在版编目(CIP)数据

中小学生历史常识一本通 / 姜楠编写. - 长春：
吉林教育出版社，2012.6
　　(和谐校园文化建设读本)
　　ISBN 978-7-5383-9025-4

　　Ⅰ. ①中… Ⅱ. ①姜… Ⅲ. ①世界史-青年读物②世
界史-少年读物 Ⅳ. ①K109

中国版本图书馆 CIP 数据核字(2012)第 116284 号

中小学生历史常识一本通　　　　　　　　　　　　　姜　楠　编写

策划编辑 刘　军　　潘宏竹
责任编辑 刘桂琴　　　　　　　　　　　**装帧设计** 王洪义
出版 吉林教育出版社(长春市同志街 1991 号　　　邮编　130021)
发行 吉林教育出版社(www.jleph.com)
印刷 北京海德伟业印务有限公司
开本 710 毫米×1000 毫米　1/16　13 印张　　**字数** 165 千字
版次 2012 年 6 月第 1 版　2012 年 6 月第 1 次印刷
书号 ISBN 978-7-5383-9025-4
定价 25.80 元

编 委 会

主　　编：王世斌

执行主编：王保华

编委会成员：尹英俊　尹曾花　付晓霞

　　　　　　刘　军　刘桂琴　刘　静

　　　　　　张　瑜　庞　博　姜　磊

　　　　　　潘宏竹

　　　　　　（按姓氏笔画排序）

总 序

千秋基业，教育为本；源浚流畅，本固枝荣。

什么是校园文化？所谓"文化"是人类所创造的精神财富的总和，如文学、艺术、教育、科学等。而"校园文化"是人类所创造的一切精神财富在校园中的集中体现。"和谐校园文化建设"，贵在和谐，重在建设。

建设和谐的校园文化，就是要改变僵化死板的教学模式，要引导学生走出教室，走进自然，了解社会，感悟人生，逐步读懂人生、自然、社会这三部天书。

深化教育改革，加快教育发展，构建和谐校园文化，"路漫漫其修远兮"，奋斗正未有穷期。和谐校园文化建设的研究课题重大，意义重要，内涵丰富，是教育工作的一个永恒主题。和谐校园文化建设的实施方向正确，重点突出，是教育思想的根本转变和教育运行机制的全面更新。

我们出版的这套《和谐校园文化建设读本》，全书既有理论上的阐释，又有实践中的总结；既有学科领域的有益探索，又有教学管理方面的经验提炼；既有声情并茂的童年感悟，又有惟妙惟肖的机智幽默；既有古代哲人的至理名言，又有现代大师的谆谆教诲；既有自然科学各个领域的有趣知识，又有社会科学各个方面的启迪与感悟。笔触所及，涵盖了家庭教育、学校教育和社会教育的各个侧面以及教育教学工作的各个环节，全书立意深邃，观念新异，内容翔实，切合实际。

我们深信：广大中小学师生经过不平凡的奋斗历程，必将沐浴着时代的春风，吸吮着改革的甘露，认真地总结过去，正确地审视现在，科学地规划未来，以崭新的姿态向和谐校园文化建设的更高目标迈进。

让和谐校园文化之花灿然怒放！

本书编委会

目录

第一部分　中国历史

第一章　远古岁月　华夏起源

盘古开天地

我们伟大祖国有非常悠久的历史。从传说中的黄帝到现在，大约有四五千年的历史，在这几千年的历史里，有许多动人的有意义的故事。其中有许多是有文字记载的。至于五千年以前远古时期的情况，没有文字记载，但是也流传了一些神话和传说。

譬如，我们人类的祖先，究竟是从哪里来的？古时候流传着一个盘古开天地的神话，说的是在天地开辟之前，宇宙不过是混混沌沌的一团气，里面没有光，没有声音。这时候，出了一个盘古氏，用大斧把这一团混沌劈了开来。轻的气往上浮，就成了天；重的气往下沉，就成了地。

以后，天每天高出一丈，地每天加厚一丈，盘古氏本人也每天长高了一丈。这样过了一万八千年，天就很高很高，地就很厚很厚，盘古氏当然也成了顶天立地的巨人。后来，盘古氏死了，他的身体的各个部分就变成了太阳、月亮、星星、高山、河流、草木等等。

这就是开天辟地的神话。

远古人类

我国科学工作者在祖国各地先后发掘了许多猿人的遗骨和遗物的化石，可以看到我们祖国境内最早的原始人，已经有一百万年以上的历史。云南发现的元谋猿人，大约有一百七十万年历史；陕西出土的蓝田猿人，大约有八十万年历史；拿有名的北京猿人来说，也有四五十万年的历史了。

北京猿人生活在周口店一带。他们能够制造和使用简单的工具——木棒或石头。他们就是用这种简单的工具来采集果子，同野兽作斗争，猎取食物。

几十万年过去了，猿人在艰苦的斗争中进化了。在北京周口店龙骨山的山顶洞穴里，发现另一种原始人的遗迹。这种原始人的样子，已经和现代人没有什么两样。我们把他们叫做"山顶洞人"。

山顶洞人的劳动工具有了很大的改进，他们不但能够把石头砸成石斧、石锤，而且还把野兽的骨头磨制成骨针，可以把兽皮缝成衣服。

山顶洞人是群居生活的，他们的群居生活已经按照血统关系固定下来。大约在四千多年以前，我国黄河、长江流域一带住着许多氏族和部落。黄帝是传说中最有名的一个部落首领。

黄帝战蚩尤

以黄帝为首领的部落，最早住在我国西北方的姬永附近，后来搬到涿鹿（今河北省涿鹿、怀来一带），开始发展畜牧业和农业，定居下来。

跟黄帝同时的另一个部落首领叫做炎帝，最早住在我国西北方姜水附近。这时候，有一个族的首领名叫蚩尤，十分强悍。有一次，蚩尤侵占了炎帝的地方，炎帝起兵抵抗，但是被杀得一败涂地。炎帝到涿鹿请求黄帝帮助。黄帝联合各部落，准备人马，在涿鹿的田野上和蚩尤展开一场大决战。

传说蚩尤用妖术制造了一场大雾，使黄帝的兵士迷失了方向。黄帝用"指南车"来指引，带领兵士，依着蚩尤逃跑的方向追击，结果把蚩尤捉住杀了。各部落看到黄帝打败了蚩尤，都很高兴。黄帝受到了许多部落的拥护。

尧舜禅让

传说黄帝以后，在黄河流域的部落联盟出现了尧、舜、禹三个著名的领袖。尧当上部落联盟的首领后，和大家一样住茅草屋，吃糙米饭，煮野菜作汤，夏天披件粗麻衣，冬天只加块鹿皮御寒，衣服、鞋子不到破烂不堪绝不更换。老百姓拥护他，如爱"父母日月"一般。

尧在位70年后，年纪老了。他的儿子丹朱很粗野，好闹事。有人推荐丹朱继位，尧不同意。后来尧召开部落联盟议事会议，讨论继承人的人选问题。大家都推举虞舜，说他是个德才兼备、很能干的人物。尧很高兴，把自己的两个女儿娥皇、女英嫁给舜，并考验了3年才将帝位禅让给舜。舜继位后，亲自耕田、打鱼、制陶，深受大家爱戴。他也仿照尧的样子召开继位人选会议，民主讨论。大家推举禹来做继承人。舜到晚年身体不好，依旧到南方各地去巡视，病死在苍梧（今湖南境内）的途中。舜死后，禹做了部落联盟的首领。

大禹治水

尧在位的时候，黄河流域发生了很大的水灾，庄稼被淹了，房子被毁了，尧派鲧去治水。鲧花了九年时间治水，没有把洪水治理好。因为他只懂得水来土掩，造堤筑坝，结果洪水冲塌了堤坝，水灾反而闹得更凶了。

舜接替尧当部落联盟首领以后，亲自到治水的地方去考察。他发现鲧办事不力，就把鲧杀了，又让鲧的儿子禹去治水。

禹改变了他父亲的做法，用开渠排水、疏通河道的办法，把洪水引到大海中去。他和老百姓一起劳动，戴着箬帽，拿着锹子，带头挖土、挑土。

经过13年的努力，终于把洪水引到大海里去，地面上又可以供人种庄稼了。

后代的人都称颂禹治水的功绩，尊称他是大禹。

第二章　夏"家天下"　天下为家

夏启建夏

在禹晚年的时候，各部落首领一致推举伯益为继承人，但大禹却暗中扶植自己的儿子启。等到禹死后，启将继承人伯益杀死，夺取了天下。夏启继位之后，采取了"父传子"、"家天下"的世袭制，摒弃了远古的"禅让制"。世袭制在中国实行了几千年，直到1911年清朝统治被推翻为止。

商汤灭夏

商族发展到商汤时，已经变得非常强大。夏朝末期，夏王桀大兴土木，奢侈淫逸，征伐邻国，残杀异己，横征暴敛，怨声四起，大臣关龙逢曾多次劝谏夏桀，最后却为夏桀所杀。商汤于部族内布德施惠、轻赋薄敛、扶困救穷、勤政廉明，周边诸侯都归顺他，百姓也亲附他，他统治时期社会稳定。他又任用伊尹、仲虺为左右相，伊尹为奴隶出身，对民众疾苦十分了解，为相后，又推行改革，安定社会。此后商汤入据中原，先击败韦、顾等邦国，后又击败昆吾，并于夏军决战于鸣条（今河南封丘东）。夏桀大败奔溃，南窜于南巢（今安徽巢湖附近）而死，夏朝灭亡。

第三章　殷商盛象　武王伐纣

伊尹辅政

汤从残暴的夏桀身上吸取教训，一心为老百姓做好事，重用忠心为国的大臣。当时，汤重用了一个叫伊尹的人。

伊尹是被卖到有莘国（今开封陈留一带）的奴隶。伊尹到了商国后，汤就封他为右相。

汤死后，伊尹扶持汤的儿子外丙继承了王位。外丙不久也死了，于是伊尹又立外丙的弟弟仲壬为王，但仲壬也很快就死了，伊尹只好立商汤的长孙太甲为王，刚开始太甲不理政事，整天寻欢作乐，伊尹很是担心。

在太甲刚继位时，伊尹就在祭祀典礼上作了长篇训话（后题为《伊训》），教育太甲要继承先主遗志，勤于政事，努力修身治德，以保商朝的江山能永不消逝。还作了《肆命》，陈述天命之无常，劝诫太甲。不久后，再作《徂后》，以远古君王兴亡之事劝谏太甲以史为鉴，避免亡国厄运……但太甲根本听不进去，由于劝诫毫无作用，伊尹和大臣商议后，把太甲软禁在汤墓附近的桐宫（今河南偃师县西南），让他静心思过。

三年后伊尹看到太甲稚气脱尽，行为简朴，很高兴，便亲自携带商王的冠冕衣服到桐宫，迎接太甲返回都城再登王位，把国政交还太甲，桐宫三年，太甲好像变了个人，早起晚睡，关心百姓疾苦，实行了一系列好的政策，诸侯归顺，百姓安居乐业。沃丁继位后，伊尹自觉年老，不再参与朝政，于沃丁八年病死。

伊尹树立了中国历史上第一位名臣形象，在商王朝的建立和巩固中起了不可估量的作用。他是商朝名副其实的五朝元老，被誉为"中国第一名相"。

盘庚迁都

商汤建立商朝的时候，最早的国都在亳（今河南郑州）。在以后300年当中，都城一共搬迁了5次。这是因为王族内部经常争夺王位，发生内乱；再加上黄河下游常常闹水灾。有一次发大水，把都城全淹了，就不得不搬家。

从商汤开始传了20个王，王位传到盘庚手里。盘庚是个能干的君主。他为了改变当时社会不安定的局面，决心再一次迁都。

可是，大多数贵族贪图安逸，都不愿意搬迁。一部分有势力的贵族还煽动平民起来反对，闹得很厉害。

盘庚面对强大的反对势力，并没有动摇迁都的决心。他坚持迁都的主张，挫败了反对迁都势力，终于搬迁到殷（今河南安阳）。在那里整顿商朝的政治，使衰落的商朝出现了复兴的局面，以后200多年，一直没有迁都。所以商朝又称作殷商，或者殷朝。

武王伐纣

商朝自帝武乙开始就已日渐衰败，到纣王时，已经经历了帝武乙、太丁、帝乙三世衰微。纣王虽不讲文治，但却讲究武功，他多次向东讨伐东夷，俘获了大批奴隶，使商朝一度又出现了强盛的势头。

然而，纣王却异常的荒淫残暴。他贪恋酒色，后宫美女如云，其中最受纣王宠幸的是一个叫妲己的女子。纣王对她百依百顺。为了能让妲己欢心，纣王特意修建了"酒池肉林"，在酒池里装满美酒，旁边立木悬肉，并命令许多男女脱光衣服在其间追逐嬉戏，他和妲己从中取乐。他又在朝歌（商朝首都）修建鹿台和巨桥谷仓，用以存放珍宝财物和征集天下粮食。百姓苦不堪言，怨声载道，纣王就发明了一种叫"炮烙"的酷刑用以镇压人民。他疏远贤臣，亲信奸佞，残杀忠良，使得朝政异常黑暗，人民生活苦不堪言。

纣王的暴行终于让他众叛亲离，成了真正的孤家寡人。而西面的周朝经过周文王50年的用心经营，日渐崛起，对没落的商朝虎视眈眈。

周武王即位后，周朝的势力已经十分强大，武王继位九年后（公元前1027），在孟津（今河南孟津东北）大会诸侯，刺探灭商之人心所向，即历史上有名的"孟津观兵"。两年后，周武王率领大军渡过黄河，直逼商都朝歌（即殷）。在距朝歌70里的牧野，周武王命军队停了下来，并于黎明前集合队伍誓师，史称"牧誓"。武王在誓词中发布了总攻朝歌的命令，声讨纣王罪行以激励将士斗志。

纣王听说周军已经打到了国门，仓皇武装守卫国都的军队。连同奴隶总共17万（一说70万）人，开赴牧野迎战。周武王虽然只有兵车300乘，将士5000人，但个个神勇无比，无不以一当十。纣兵虽多，但却都是些乌合之众，没有战斗力，奴隶们早就受够了纣王的气，现在又听说武王待人宽厚，纷纷阵前倒戈，为周军做起了向导，杀回了朝歌。武王乘胜以主力军队猛烈突击，商军很快就土崩瓦解。纣王见大势已去，急忙穿上了特制的玉衣，登上鹿台，自焚而亡。

人祭和人殉

商朝的社会是由贵族、平民和奴隶构成的。奴隶处在社会的最底层。据殷商甲骨文和金文记载，奴隶有隶、臣、妾、奚等分别，奴隶的主要来源是战俘和宗族灭亡者。贵族不仅无偿占有奴隶的劳动，而且可以随意地施以杀戮。最为典型的杀戮就是杀人祭祀和活人殉葬。商王和贵族在祭祀祖先、天帝、鬼神和山川河流的时候，不仅要宰杀牲畜，而且还经常屠杀战俘和奴隶。此外，统治者死后，都要用活人殉葬，少者一两个人，多的有数十人或数百人，他们企图在所谓的"阴间"继续奴役这些奴隶为其服务。人祭和人殉在整个商朝都是十分普遍的现象，这说明当时奴隶们的处境是十分悲惨的。

第四章　东西两周　分封天下

周公辅政

周武王灭掉商朝以后，过了两年，周武王得了重病。临终时，武王托付弟弟周公旦辅助13岁的儿子管理国家。武王驾崩后，他的儿子姬诵继承王位，这就是周成王。

在历史上，周公旦被称为"周公"。周公为了巩固周王朝的统治，呕心沥血，兢兢业业。传说，他洗头发的时候，一碰到贤人求见，就马上停止洗发，把头发握在手里去见他们；吃饭的时候，听说有人求见，就把来不及咽下的饭菜吐出来，去接见那些求见的人。这就是后来"周公吐哺"成语的来历。周公对待工作十分认真，他制定的《周礼》，规定起坐卧行和男女尊卑，这本书成为后世中国礼仪的典范。

周公尽心竭力辅政七年，终于使周朝成为一个统一繁荣的国家。在周成王20岁时，周公将权力全部移交，告老还乡。

国人暴动

西周到了第十个王周厉王即位后，对人民的压迫更重了。周厉王宠信一个名叫荣夷公的大臣，实行"专利"，他们霸占了一切湖泊、河流，不准人民利用这些天然资源谋生；他们还勒索财物，虐待人民。

那时候，住在野外的农夫叫"野人"，住在都城里的平民叫"国人"。周都镐京的国人不满厉王的暴虐措施，怨声载道。

周厉王下了一道命令，禁止国人批评朝政，还从卫国找来一个巫师，要他专门刺探批评朝政的人，杀了不少国人。在这样的压力下，国人真的不敢在公开场合里议论了。人们在路上碰到熟人，也不敢交谈招呼，只交换一个眼色，就匆匆地走开。

厉王和荣夷公的暴政越来越厉害，过了三年，也就是公元前841年，国人忍无可忍，终于举行了一次大规模的暴动。起义的国人围攻王宫，要杀厉王。厉王得知风声，慌慌忙忙带了一批人逃命，一直逃过黄河，到彘（今山西霍县东北）地方才停下来。

厉王出走后，朝廷里没有国王，怎么办呢？经大臣们商议，由大臣召公虎和另一个大臣周公主持贵族会议，暂时代替周天子行使职权，历史上称为"共和行政"。从共和元年，也就是公元前841年起，中国历史才有了确切的纪年。

烽火戏诸侯

周宣王去世后周幽王继位。周幽王昏庸无道，到处寻找美女。褒响将美女褒姒献给周幽王，周幽王一见褒姒，喜欢得不得了。褒姒却老皱着眉头，连笑都没有笑过一回。虢石父对周幽王说："从前为了防备西戎侵犯我们的京城，在翻山一带建造了二十多座烽火台。敌人一打进来，就一连串地放起烽火来，让邻近的诸侯瞧见，好出兵来救。这时候天下太平，烽火台早没用了。不如把烽火点着，叫诸侯们上个大当。娘娘见了这些兵马一会儿跑过来，一会儿跑过去，就会笑的。您说我这个办法好不好？"

周幽王拍手称好。烽火一点起来，半夜里满天全是火光。邻近的诸侯看见了烽火，赶紧带着兵马跑到京城。没想到一个敌人也没看见，也不像打仗的样子，只听见奏乐和唱歌的声音。大家我看你，你看我，都不知道是怎么回事。周幽王叫人去对他们说："辛苦了，各位，没有敌人，你们回去吧！"诸侯们这才知道上了大王的当，十分愤怒，各自带兵回去了。褒姒瞧见这么多兵马忙来忙去，于是笑了。周幽王很高兴，赏赐了虢石父。隔了没多久，西戎真的打到京城来了。周幽王赶紧把烽火点了起来。这些诸侯上回上了当，这回又当是在开玩笑，全都不理他。周幽王和虢石父都被西戎杀了，褒姒被掳走。

分封制

西周的诸侯在他的封国内，把大部分土地分封给属下的卿大夫作为"采邑"，卿大夫再把"采邑"的土地分封给属下的士作为"食地"。这就是西周的分封制。从西周建国起，就开始施行这个制度，但是大规模的分封是在武王克商以后和周公摄政期间。相传周初先后分封的国家有71个，姬姓独占53个，其中最为重要的是鲁、卫、晋、齐、燕等诸侯国。经过分封，西周的疆域比商代大有拓展，各方诸侯都以周天子为天下之主，形成了"封建亲戚，以藩屏周"的统治格局。在此基础上形成的王权相对前朝更为集中，这对巩固统治起到了积极的作用。

第五章　春秋五霸　群雄逐鹿

春秋五霸

随着周天子的权力日渐衰落，诸侯国为争夺实际统治权，展开了激烈的较量。先后取得霸主地位的诸侯王有五个，这就是历史上所说的"春秋五霸"。春秋五霸有两种说法，一说指齐桓公、晋文公、宋襄公、秦穆公、楚庄王；另一说指齐桓公、晋文公、楚庄王、吴王阖闾、越王勾践。

公元前7世纪，齐桓公领导下的齐国东征西讨，消灭和降服了中原地区的一些弱小国家，国力强盛，确立了在中原地区的统治地位，因此齐桓公被称为春秋五霸之首。

宋襄公打败仗

公元前638年，宋襄公伐郑，在涿河之滨与精锐强大的楚军遭遇，一场血战正在酝酿之中，宋军先到一步，已经排成战列，剑拔弩张。

此时，楚军兵马还在乱糟糟地渡河。右司马子鱼一见，连忙跑到宋襄公面前说："两军相比，敌强我弱。兵法有云：兵半渡可击之，现在趁楚军立足未稳，我军乘虚猛攻。定能以少胜多，打垮楚军。"

宋襄公拈着胡须慢吞吞地说："你急什么？寡人听说有道德的君子不杀害受伤的人，不抓白头老者，不乘人之危，推人于险。楚军还未站稳就打，这违背仁义！"于是就不听子鱼的话。

没多长时间，楚军的兵马一船一船地登陆，摇旗列阵，喧呼可闻。右司马急得流着汗，苦苦劝谏要大王为人民着想，不要怕什么背义以误国。

宋襄公不耐烦地把眼一瞪斥责道："滚回队伍，再说一句就按军法从事！"

说话之间，楚军战列已毕。宋襄公方才下令鸣鼓出击，只听杀声陡起，楚国大军像山呼海啸一般掩杀过来。宋军魂飞魄散，大败而逃。

宋襄公在乱军之中屁股也挨了一箭，不到三天就一命呜呼了。

退避三舍

晋献公听信谗言，杀了太子申生，又派人捉拿申生的异母兄长重耳，重耳闻讯，逃出了晋国，在外流亡19年。

经过千辛万苦，重耳来到楚国。楚成王认为重耳日后必有大作为，就以国君之礼相迎，待他如上宾。

一天，楚王设宴招待重耳，两人饮酒叙话，气氛十分融洽。忽然楚王问重耳："你若有一天回晋国当上国君，该怎么报答我呢？"重耳略一思索说："美女侍从、珍宝丝绸，大王您有的是，珍禽羽毛，象牙兽皮，更是楚地的盛产，晋国哪有什么珍奇物品献给大王呢？"楚王说："公子过谦了，话虽然这么说，可总该对我有所表示吧？"重耳笑着回答道："要是托您的福，果真能回国当政的话，我愿与贵国友好。假如有一天，晋楚之间发生战争，我一定命令军队先退避三舍（一舍等于三十里），如果还不能得到您的原谅，我再与您交战。"

四年后，重耳真的回到晋国当了国君，就是历史上有名的晋文公。晋国在他的治理下日益强大。

公元前633年，楚国和晋国的军队在作战时相遇。晋文公为了兑现他许下的诺言，下令军队后退九十里，驻扎在城濮。楚军见晋军后退，以为对方害怕了，马上追击。晋军利用楚军骄傲轻敌的弱点，集中兵力，大破楚军，取得了城濮之战的胜利。

秦晋崤之战

秦穆公当上秦国国君后，秦国逐渐强大起来，图谋东进，力图在中原地区建立霸权，但是遇到了晋国的阻挡。公元前628年，秦穆公得知郑、晋两国国君新丧，于是不听手下人规劝，执意要越过晋境偷袭郑国。秦派孟明视等领兵向郑国进军，次年春越过晋国南境，抵达滑。

郑国商人弦高与秦军途中相遇，机警的弦高一面冒充郑国使者犒劳秦军，一面秘密遣人到郑国送信。孟明视以为郑国对此早有防备，于是决定率军回国。晋国派大将先轸率军秘密赶至崤山，并联络当地姜戎埋伏于隘道两侧。秦军在回师途中遭到晋军和姜戎的夹击，身陷隘道，既不能进也不能退，最后全部被歼灭，三位大将被俘。第二年秦穆公亲率大军渡河焚舟要与晋军决战，晋军采取了避而不战的策略。秦穆公到了崤之战的战场，祭奠阵亡的将士，然后回师。

鲁国"初税亩"

公元前594年，鲁国正式废除了过去按井田征收赋税的制度，改行"初税亩"，就是不分公田、私田，凡土地占有者均须按亩交纳土地税。对井田之外的私田征税，就说明已经承认了私田的合法性，这是农业税制的一次重要变革。

孔子周游列国

孔子名叫孔丘，是鲁国陬邑（今山东曲阜东南）人。

孔子年轻时候，读书很用功。他十分崇拜周朝初年那位制礼作乐的周公，对古礼特别熟悉。

有些人愿意拜他做老师，他就索性办了个私塾，收起学生来。孔子35岁那年，鲁昭公被鲁国掌权的三家大夫——季孙氏、孟孙氏、叔孙氏轰走了。孔子就到齐国去，求见齐景公，跟齐景公谈了他的政治主张。齐景公待他很客气，还想用他。但是相国晏婴认为孔子的主张不切实际，结果齐景公没用他。孔子再回到鲁国，仍旧教书。跟随孔子学习的学生越来越多。

到了公元前501年，鲁定公派孔子做中都（今山东汶上县）宰，第二年，做了司空（管理工程的长官），又从司空调做了司寇。

由于孔子的相礼，鲁国取得了外交上的胜利。会后，齐景公决定把从鲁国侵占过来的汶阳（今山东泰安西南）地方的三处土地还给了鲁国。

齐景公给鲁定公送一班女乐去。鲁定公接受了这班女乐，天天吃喝玩乐，不管国家政事。孔子想劝说他，他躲着孔子。这件事使孔子感到很失望。

从那以后，孔子离开鲁国，带着一批学生周游列国，希望找个机会实行他的政治主张。

可是，那个时候，大国都忙于争霸的战争，小国都面临着被并吞的危险，整个社会正在发生变革。孔子宣传的一套恢复周朝初年礼乐制度的主张，当然没有人接受。

他先后到过卫国、曹国、宋国、郑国、陈国、蔡国、楚国。这些国家的国君都没有用他。

孔子在列国奔波了七八年，碰了许多钉子，年纪也老了。末了，他还是回到鲁国，把精力放到整理古代文化典籍和教育学生上面。

孔子在晚年还整理了几种重要的古代文化典籍，像《尚书》《春秋》等。《尚书》是一部我国上古历史文献的汇编。《春秋》是根据鲁国史料编成的一部历史书，它记载着公元前722年到公元前481年的大事。

公元前479年，孔子去世。他死后，他的弟子继续传授他的学说，形成了一个儒家学派，孔子成了儒家学派的创始人。孔子的学术思想在后世影响很大，他被公认为我国古代第一位大思想家、大教育家。

卧薪尝胆

春秋时期，吴国和越国发生了战争。越国被吴国打败，越国勾践被夫差俘虏。后来，吴王夫差释放了勾践，让他回到了越国国都会稽。勾践在坐卧的地方吊了个苦胆，夜里躺在柴草上，面对苦胆，每天吃饭时都尝尝苦胆。他总扪心自责："你忘了会稽大败之辱吗?"就这样勾践跟百姓同甘苦共命运，经过十年发展生产，积聚力量，又经过十年练兵，终于在公元前 473 年打败夫差，灭掉了吴国。

管仲改革

春秋初年，齐国虽然号称大国，但由于齐襄公残暴肆虐，荒淫无度，政治上已处于十分腐败的境地。齐襄公晚年时，朝廷政治更加腐化，以致激起众怒，被大臣所杀。一时间，齐国内乱，朝中大臣分成两派，一派要拥立公子纠为王，而另一派则要拥立公子小白为王，而当时公子纠和公子小白都不在朝中。于是，两派都想方设法以最快速度迎接各自拥护的公子回朝为王。管仲追随公子纠，他为了阻止公子小白回国，在途中设下埋伏，欲用箭射杀公子小白，但公子小白假装中箭，骗过了管仲，迅速回国继承了王位，称齐桓公。齐桓公为振兴齐国，唯才是举。好友鲍叔牙深知管仲有经世治国之志，于是在齐桓公面前大力推荐，齐桓公求贤若渴，不计前嫌，任用管仲为相。管仲对齐桓公的知遇之恩万分感激，尽心尽力辅佐齐桓公，进行了一系列改革。

他先是集中精力发展经济。他说"仓廪实而知礼节，衣食足而知荣辱"，认为只有物质生活改善了，才谈得上"礼节"和"荣辱"。他首先打破了"井田制"的限制，主张废除"公田制"，分田到户，并按照土地好坏、面积大小征收不同等级的实物税，极大地调动了人们的生产积极性；他还主张利用濒海的优越条件，发展渔盐贸易，设置盐官、铁官积极引导商业和手工业发展；另外，他还设立"轻重九府"，根据年成的丰歉，收售谷物，既可平抑粮价，又可增加国家收入，达到通货积财的目的。这些措施的施行，为齐国后来称霸诸侯奠定了雄厚的物质基础。

此外，管仲还进行了一系列的政治军事改革。他大胆实行"叁其国而伍其鄙"，将血缘宗族的"国"划为二十一乡，分为工乡、商乡和士乡（士、农合一），又规划士农工商"四民"的住处，不许任意杂处和迁徙，从而加强了统治力量；他还推行寓兵于农、兵农合一的军事制度，平时生产，战时从军，增加了兵源，增强了军事力量；同时，针对齐国军备不足的问题，管仲采取了用兵器或铜铁赎罪的政策，以扩充军备。

管仲实行的一系列重大改革，使齐国在政治、经济和军事上都有了极大的发展，使齐国日益强盛，迅速具备了称霸的条件。

礼崩乐坏

春秋时期，随着宗族政治的日趋解体，传统的礼乐制度也难以继续维持，出现了"礼崩乐坏"的局面。在各国的政治斗争中，经常会发生以下犯上的夺权事件，不遵循旧有礼制的现象也会时常出现。一些从诸侯手中夺取了政权的卿大夫，不仅僭用诸侯之礼，甚至也僭用天子的礼制。有鉴于此，孔子继周公之后再次加工和改造了礼乐制度，努力要将社会重新纳入礼乐的规范，但是他的理想并没有实现。到了战国时期，社会变革的加速使传统的礼乐制度被彻底破坏。各国纷纷进行变法运动，法律制度普遍建立，从而将礼乐的地位取而代之，成为维护新的政治秩序的工具。此时残存的礼乐，已经流于形式，名存实亡了。

第六章　战国争雄　百家争鸣

战国七雄

公元前 403 年，晋国分裂为三个国家：韩、赵、魏，与此同时，其他诸侯国的奴隶制度也在逐步瓦解，新兴地主阶级开始夺取政权，我国历史开始进入封建社会的新时期。春秋后期的十几个大国，通过不断地征战和兼并，最后只剩下齐、楚、燕、赵、韩、魏、秦七个大国和几个小国。这七个大国被称为"战国七雄"。

这一时期，我国封建社会的君主专制中央集权制度开始形成。为了保存和扩展自己的势力，各个国家都会想尽一切办法去侵占别国的土地，削弱别国的势力，相互之间不断发生战争，战争规模越来越大。由于这个时期接连不断发生战争，所以称它为"战国时期"。

合纵连横

"合纵"与"连横"是战国时期两种不同的结盟主张。战国时期，秦国逐渐成为最强大的国家，并有着吞并其他国家的野心。为了抵抗秦国的侵略，齐、楚、赵、韩、燕、魏六国便提出了"合纵"抗秦的主张，意思是六国联合起来，共同抵御秦国的进攻。因为六个国家都在秦国以东，纵贯南北叫做"纵"，所以人们把这种联合称为"合纵"。"连横"则与"合纵"相反，意思是联合秦国，对付其他国家。因为其他六个国家在东方，秦国位于西方，从东到西叫做"横"，所以人们把这种主张称为"连横"。

在实际的政治中，往往"合纵"、"连横"并用，"合纵"胜利后改用"连横"，"连横"受阻又变为"合纵"。各国把"合纵连横"当做一种政治手段，苏秦和张仪两人是当时声势最为显赫的"纵横家"。

商鞅变法

公元前 356 年，商鞅向秦孝公进言强国之策，陈说变法图强的道理，深得孝公赏识，当即封为左庶长，商鞅开始变法。

这次变法主要有四个方面：一、实行编户制和连坐制。新法规定，生者登记，死者注销以控制农户和征收赋税，按五家为一伍、十家为一什进行编制，建立相互告发和同罪连坐的制度，一人犯罪，如果同一伍、同一什的人不检举、不告发的与犯人同罪；告发者有奖。二、废除旧的贵族世袭制，奖励军功，禁止私斗。按军功的大小封给官位和爵位，无论宗室与贵族，如无军功，一律消除其贵族身份，不能享受相应的待遇。这项改革，大大加强了国家的中央集权，同时，大大打击了旧贵族势力，因而，也使得很多旧贵族对其怀恨在心。三、重农抑商，奖励耕织。商鞅把农业看做本业，而把商业看作末业，他认为农业才是国家富强的根本保障。因此，新法规定，凡粮食和布帛生产多的人，可免除劳役和赋税；弃农经商，懒惰至贫者，全家为官府的奴婢。商鞅抑商，旨在防止商人损害小农经济。四、建立县制。由国君直接派官吏治理。

新法推行几年后，秦国百姓安居乐业，无一私斗。秦国的经济、政治、军事都有了空前的发展，使原来落后的秦国，一跃成为第一强国。

商鞅变法使得秦国更加国富兵强。但变法后不久，旧贵族公子虔就故意犯法，刁难商鞅。商鞅再一次毫不留情地镇压了旧贵族势力，割掉了公子虔的鼻子。两年后，魏军马陵之战失利，秦军乘机伐魏。商鞅假意叙旧，写信邀魏公子饮酒，魏公子如约而至，不料却中了商鞅的计，秦军大败魏军，只得将河西地归还秦国。商鞅也因此受封于商等 15 个邑，号为商君，此后，人们称之为商鞅。

商鞅变法不论是对当时的秦国还是后世都产生了深远的影响。后世的保甲制度就是根据商鞅的编户制和什伍制演变而来；他的郡县制也为后来的历代王朝所沿用。

但所有的变法都必然会影响旧势力的利益，商鞅在变法的过程中也与大批旧贵族结下了冤仇。因而，在秦惠王登基后，当初被严惩的贵族公子虔为报宿怨，诬告商鞅谋反，而秦惠王也向来对商鞅不满，于是，立刻下令将商鞅逮捕，并处以酷刑，将其车裂而死。

围魏救赵

公元前353年，魏国大元帅庞涓率数十万重兵包围了赵国首都邯郸，赵国陷入了战火之中，国王升朝向文武百官问计，有位大臣向国王献计：不如由主公写一封求救信，再备上金银，然后派使者向齐国求救。

国王想了想，也只能这样了，于是急忙派使者向齐国求救，齐国国王接到信和财物后就派大将军田忌和军师孙膑率军赶去赵国解围，田忌随即点兵准备来日向赵国进军。军师孙膑劝阻说："要解开杂乱纠纷，不能握拳不放；要解救相斗之人，不可舞刀弄枪。避实就虚，给敌人造成威胁，邯郸之围便可自解。如今魏军全力攻赵，精兵锐卒势必倾巢而出，国内一定只剩下老弱兵丁。将军不如轻装疾奔魏都大梁，占据险要，击其虚处。敌人必然放开赵国，回兵自救，这样，我们便能一举解开邯郸之围，又可乘魏军疲惫之际，一鼓歼之。"

田忌立刻按照孙膑的布置进行。果然，魏军得悉大梁被围，慌忙回师。人马行到桂陵地面，齐军蜂拥杀出，将魏军打得丢盔弃甲，横尸遍野。

毛遂自荐

公元前260年，秦、赵长平一战，赵国40万人马全军覆没。主将赵括也被乱箭射死，强悍的秦军长驱直入，公元前257年秦军又率兵重重包围赵国首都邯郸。

赵国危在旦夕。赵孝成王焦愁万分，急忙委派他弟弟平原君到楚国去求救。赵国存亡，在此一举。

事关重大。平原君准备带20个最精干的文武官员同往。他在自己的数千名门客中横挑竖拣，只选中19名，还差一人，却再也挑不出来了。

这时候，有个名叫毛遂的门客站出来，对平原君说："请让我跟您同去吧。"

平原君对这张面孔很陌生，问："先生来我门下几年了？"

"三年了。"毛遂回答。

"三年？"平原君摇摇头说，"不行。一个有才能的人处在世上，就好比把锥子装进口袋，立刻可以看到锥尖从袋里钻出来。你已经来了三年，可是我从来没有听见有人称赞过你，可见你不够优秀，没有什么本事。你不能去。"

"不对！"毛遂争辩道，"我从来就没有能够像锥子那样放进您的口袋里。要是早就放进口袋的话，我敢说，不光是锥尖露出口袋，就连整个锥子都会像禾穗一般挺出来。"

平原君想想，觉得毛遂的话也有道理，就决定带他去了。同行的19个门客，一开始都很轻视毛遂，但在一路的交谈中，他们才发觉毛遂是一个不平凡的人。

果然，当赵、楚谈判陷入僵局的时候，毛遂冒着生命危险，手按宝剑，挺身而出，在盛气凌人的楚王面前慷慨陈词，申明大义。他凛然的正气使楚王惊慑，精辟深刻的分析使满朝王臣莫不叹服。毛遂打开了新的局面，促使楚王和平原君当场缔结盟约。不久，楚国和魏国的援军两路进击，终于解开了邯郸之围。

事后，平原君感慨地说，"毛遂以三寸之舌，胜百万军队，他一到楚国，我们赵国的威望就大大提高。我观察的人才不算少了，但竟然错看了毛先生。"

窃符救赵

长平之战后，秦国军队进一步围攻赵都邯郸，形势万分危急，平原君一面亲自赴楚，与楚合纵，请楚出兵救赵，另一方面写信给其妻弟信陵君，委托他向魏王求救兵。信陵君看到平原君的信后，赶忙进宫请求魏王发救兵。在信陵君的一再请求下，魏王便派将军晋鄙率领军队援救赵国，但又惧怕强大的秦军，于是又令晋鄙仅加强戒备而不要与秦国发生正面冲突。赵国平原君写信责备魏国信陵君背信弃义，信陵君于是便打算邀集门客到秦军阵前，和赵国一起与秦军决一死战。

他把好友侯嬴招来，将这个想法告诉了他。侯嬴支走了其他人，然后悄悄对信陵君说："我听说晋鄙的虎符，放在魏王卧室里，魏王宠爱王妃如姬，因此如姬有能力偷出虎符，从前如姬的父亲被人杀害，是您派人把杀她父亲的仇人的首级进献给如姬的，为报答公子的恩情，如姬是决不会推脱的。这样，拿到了虎符就能把晋鄙的军权夺过来，西面可以抵御秦国，北面可以挽救赵国，这是关系帝国霸业的大事！"

信陵君采纳了侯嬴的计策，让如姬帮忙，她果然偷出了虎符，把它交给信陵君。公子出发时侯嬴又说："将在外，君命有所不受。公子到了那就立刻与晋鄙验合虎符。要是晋鄙对此产生怀疑，不肯交出兵权，而要向上请示，那可就遭了。我有一个朋友叫朱亥，他是一个屠户，可以让他和你一同去。这个人力大无比。晋鄙如果听从你的命令，那就照计行事；如果不听，就让朱亥把他杀了。"

于是信陵君请来朱亥，朱亥笑着说："我是一个杀猪的屠户，公子你多次关照我，我一直没有机会报答你。现在公子有急事用得着我，这正是我为你出力献身的时候啊！"

朱亥和公子一起出发了。信陵君来到邺下，假传君王的命令代行晋鄙兵权。晋鄙把两半虎符合在一起，果然产生疑心，想不服从信陵君的安排，这时朱亥从袖子里取出40斤重的铁锤，一锤就把晋鄙砸死了。信陵君即刻率领军队赶往前线，与秦军作战。秦军大败。

荆轲刺秦王

战国末期，弱小的燕国敌不过强大的秦国。当时，燕国的太子丹眼看着强秦正一点点地侵占燕国领土，心里非常着急。于是，太子丹物色到一位本领很高的勇士荆轲，以燕国使者身份去杀秦王。

公元前227年，荆轲和他的副手秦武阳带着秦国降将樊於期的头颅和燕国督亢的地图，作为燕国的使臣来到咸阳，拜见秦王。

秦王嬴政听说燕国使者要献上樊於期的头颅和督亢地图，心里非常高兴，于是在咸阳宫举行隆重的仪式接见荆轲。

这一天，荆轲捧着装樊於期头颅的盒子，秦武阳捧着督亢地图，一步一步地走上朝堂。大殿里的威严与严肃让秦武阳感到非常害怕，禁不住浑身颤抖起来。秦王嬴政的左右大臣一见秦武阳那模样，吆喝了一声："使者为什么变了脸色？"

荆轲回头一看，见秦舞阳脸色苍白，怕露出破绽来，连忙对秦王嬴政说："大王，他是乡人，从来没有见过这种场面，心里免不了有点儿害怕，请大王不要见怪。"

秦王嬴政于是命令秦武阳退下，将地图交给荆轲，让他一个人上来。

荆轲上了堂，献上盒子和地图，秦王嬴政叫荆轲打开盒子一看，的确是樊於期的头颅。接着又让荆轲把地图打开，一个地方一个地方指给秦王看。

等到将地图全部展开以后，事先藏在地图里的匕首就露出来了。荆轲一手抓起匕首，一手拉住秦王的袖子，将匕首向秦王胸口狠狠刺去。

秦王使劲一转身，袖子被割断了，他绕过屏风，想跑到外面去，然而荆轲拿着匕首又追了上来，秦王嬴政知道自己没有机会跑了，只好绕着朝堂上的铜柱打转，躲避荆轲。

两旁的文武百官知道出了事，但手无寸铁，帮不上任何忙，而台阶下的武士虽有兵器在手，但按秦的规矩，没有命令不准上殿。秦王虽然腰佩宝剑，但却没有机会拔剑，只能躲避荆轲的袭击。

在这紧要关头，大殿上一名侍候秦王的随身医生急中生智，抓起装药的罐子扔向荆轲，荆轲一挥手，药罐摔得个粉碎。

就在这一刹那，秦王赶忙将宝剑拔出，一剑刺中荆轲。荆轲倒在地上时，仍不忘将手里的匕首扔向秦王，秦王把身子一闪，那匕首从他腮边飞过，打在铜柱上。

秦王嬴政见荆轲倒在地上，手里又没有了武器，便上前向荆轲连砍几剑，将他杀了。台下武士们把秦武阳也杀掉了。

战国四公子

孟尝君：齐公子，田婴子，名文字孟，封于尝邑，故号孟尝君。门客为孟尝君去薛邑收债，将部分贫苦人债务免除，取得薛邑人的拥护，当其受齐王猜疑罢相后，回到了薛邑，受到此地百姓的欢迎，得以在此安身立命。后为秦相，又受秦王怀疑，准备加害。得门客中鸡鸣狗盗之徒相助，才得以逃脱追兵。后任魏相，曾支持齐、燕、韩、赵、魏五国攻秦，受到苏秦的称赞。还曾联合燕、赵攻齐。

信陵君：魏公子，安厘王之弟，封于信陵，称信陵君。著名的连横抗秦者，有食客 3000 人。公元前 258 年，赵邯郸遭受秦军的围困，形势万分危急，信陵君窃符救赵，杀魏将晋鄙，夺得兵权解邯郸之围，因而留赵居住 10 年。后魏遭秦大军攻击，在魏危难之际，信陵君借得赵军 10 万人，并组织燕、韩、楚、魏、赵五国联军，在今陕县和华阴县连败秦军，将秦军赶至函谷关以西。

平原君：赵公子，赵惠文王之弟，名赵胜，封于东武城，号平原君，养士 3000 人。公元前 262 年，秦在长平之战中大败赵军，赵卒 40 万被坑杀，秦国乘胜围邯郸。在赵国面临城破国亡之际，平原君协助赵王组织守城，并说服赵王派使臣去魏、楚求救。魏王畏惧秦国，虽发兵 10 万，却于进军至赵魏边境时，停滞不前。信陵君的姐姐乃是平原君的夫人，于是平原君致信信陵君："请公子看在姐姐的情分上，马上发兵来救邯郸 10 万人的性命！"于是信陵君乃设计夺得魏军指挥权，发兵救赵。与此同时，平原君又亲带 20 名门客，赴楚求救，终于说服楚王命春申君率楚军救赵。秦军受到赵、楚、魏三国军队的攻击，腹背受敌，大败而回。

春申君：楚公子，名黄歇。为楚相 20 余年。"虽名相国，其实王也。"有 3000 门客。楚考烈王十五年（公元前 248）封于吴，号春申君。曾奉命援赵，解邯郸之围，使秦东进战略受挫。公元前 256 年，为楚灭鲁。有门下舍人李园，先以其妹献春申君，有娠之后，又劝春申君献给楚王，生子立为楚太子。楚王死后，郎中朱某曾预言李园将杀春申君以灭口，建议春申君先发制人，春申君不听，后果为李园伏兵所杀。

重农抑商

"重农抑商"萌发于春秋，成熟于战国，延及以后历代，是贯穿我国整个封建专制时代的重要思想政策，它是中央专制集权政治的配套措施。其"重农"之农，包括小农及以小农为基础的农业经济，目的是稳定国家兵源、财源（赋税）与社会经济基础；其"抑商"之商，指的是商品经济与资本市场，在抑制商人资本对破产小农的盘剥、兼并的表层下，包含有防止政权对立面或异己力量出现的根本目的。

百家争鸣

春秋战国时期，是由封建领主制向封建地主制过渡的时期，新旧阶级之间，各阶级、阶层之间的斗争复杂而又激烈。代表各阶级、各阶层、各派政治力量的学者或思想家，都企图按照本阶级（层）或本集团的利益和要求，对宇宙对社会对万事万物作出解释，或提出主张。他们著书立说，广收门徒，高谈阔论，互相辩难，于是出现了一个思想领域里"百家争鸣"的局面。

所谓"诸子百家"，主要有儒家、墨家、道家和法家，其次有阴阳家、杂家、名家、纵横家、兵家、小说家等等。后人把小说家以外的九家，又称为"九流"。俗称"十家九流"就是从这里来的。

儒家的创始人是孔子。孔子姓孔名丘字仲尼，春秋后期鲁国人。他的理论的核心是"仁"，而体现仁的制度或行为的准则是"礼"。儒家学派在孔子以后发生分裂，至战国中期孟子成为代表人物。孟子名轲字子舆，是孔子的嫡孙子思（名孔伋）的弟子。孟子的主张是复古倒退的，当时许多国王都认为不合时宜。

儒家的代表人物还有荀子。荀子名况，时人尊他为荀卿。

墨家学派创始人是墨子。墨子名翟，是战国初期鲁国人。墨子的主张和儒家是针锋相对的。反对世卿世禄制度，主张尚贤，任用官吏要重视才能，打破旧的等级观念，使"官无常贵，而民无终贱"。

代表墨翟思想的有《墨子》一书，是他的弟子根据受课笔记编撰而成的。

道家学派的创始人是老子。老子姓李名耳字聃，楚国人，约与孔子同时期，出身于没落贵族。反映他思想的书为《老子》，又名《道德经》，大概是战国人编纂的。

道家在战国时期的代表人物是庄周。庄周是宋人，出身于没落贵族家庭，曾做过宋国漆园吏的小官。后来厌恶官职，"终身不仕"。《庄子》一书，是由他和门人编成的。

法家学派代表新兴地主阶级的利益。早期代表人物有李悝、吴起、商鞅、慎到、申不害等人，后期法家代表韩非是专制主义中央集权理论集大成者。

韩非是荀子的大弟子，与李斯同学，出身于韩国的贵族家庭。《韩非子》一书是他总结前期法家思想的成果。韩非注意吸取法家不同学派的长处，提出了"法"、"术"、"势"相结合的法治理论。

战国时期"百家争鸣"反映了当时社会政治斗争的激烈和复杂。虽然流派很多，但阶级阵线非常鲜明，主要是新兴地主阶级和没落奴隶主之间的阶级斗争。这个时期的文化思想，奠定了整个封建时代文化的基础，对中国古代文化有着非常深刻的影响。

荀 子

荀子名况，字卿，后避汉宣帝讳，改称孙卿。战国末期赵国人。约生于公元前313年，死于公元前238年。著名思想家、教育家。按照《史记·荀卿列传》记载，荀子在50多岁的时候到齐国游学，在稷下（今山东临淄北）学宫与各个学派的学者进行交流和讨论。由于学问渊博，其地位一度十分尊贵，三次官至祭酒。后因有人进谗言，荀子离齐到了楚国，被春申君任为兰陵令。时隔不久，又有人认为荀子会给楚国带来危险，荀子只好再次离开转而奔赴赵国。在赵国，荀子被拜为上卿。后来，春申君又派人接荀子回楚国。荀子回楚后，再任兰陵令。公元前238年，春申君被杀，荀子被罢官。居住在兰陵期间，他先后去过秦国、赵国，最后终老于楚国。荀子一生博学深思，通过著书立说、传道授业传播自己的思想。其学说以儒家为本，兼采道、法、名、墨诸家之长。强调人定胜天，"行贵于知"。由于提倡性恶论，常被拿来与孟子的性善论进行比较。荀子一直以孔子、仲弓的继承者自居，维护儒家传统，痛斥子夏氏、子游氏、子张氏为"贱儒"，对子思、孟子一派的批评尤甚。荀子有不少门生，其中著名的有韩非、李斯，二人后来都成为了法家的代表人物。因为弟子的学派，荀子在历史上一直很有争议，有学者不认同荀子为儒家学者。也有学者对其进行抨击。荀子留下的著作，在汉时有300余篇，经刘向编订，定著32篇，其中《大略》以下6篇，被认为是后人托作。

韩 非

韩非出身于战国时期的韩国一个没落贵族家庭，从小受到良好的教育，天资聪颖，曾拜师于当时有名的学者荀子的门下。他长于写作，其文章条理清晰，分析深刻。但遗憾的是韩非口吃，不能夸夸其谈。

韩国是当时战国七雄中最为弱小的国家，经常受到别国的侵扰，却无力反抗。韩非曾多次上书韩王，提出变法强兵的种种建议，但始终不为昏庸的韩王所采纳。内忧外患使得韩国日益衰落，不得重用的韩非只好退而著书，写成了包括《孤愤》《五蠹》《内外储》《说林》《说难》等55篇作品在内的10余万字的《韩非子》，系统地阐述了其纠世治国的方略，广泛在韩国流传。后来，流传到秦国，秦王嬴政读罢，大呼绝妙："嗟乎，寡人得见此人，与之游，死不恨矣。"为求得到韩非，公元前234年，秦国发兵韩国，韩国势单力薄，马上将韩非送到秦国。只可惜韩非在秦国还未来得及被重用，就被李斯陷害致死。

韩非是先秦法家的集大成者，他总结了商鞅、申不害和慎到三家的思想，并将其师荀子的理论进一步发展，认为只有加强法制，使用严刑峻法才能解决问题。第一次把"法""术""势"三家思想结合起来，明确阐述了三者之间密不可分的内在联系，建立了一套完整的法制思想体系。

韩非是中国古代杰出的思想家和政治家。他顺应时代的潮流为当时的统治阶级构造了一个有机的政治思想体系，为秦始皇实施中央集权、统一中国、建立大一统的封建专制主义国家提供了有力的理论依据。

李　冰

李冰是中国古代最著名的水利工程专家，是都江堰的设计者和兴建的组织者。秦昭王五十一年（公元前256年），李冰拜官秦国蜀郡守。他到任以后，看到这里有严重的岷江水患。江水从上游带来泥沙淤积起来，抬高河床，更加剧了水患，每到夏季，洪水泛滥，冲毁庄稼，两岸居民，苦不堪言。于是，李冰与其子二郎着手进行治水工作，设计并组织兴建了都江堰，征服了水患，将水患变成了水利，灌溉川西平原20多万公顷（300万亩），使这里"沃野千里，号为陆海，旱则引水浸润，雨则杜塞水门"（《华阳国志》）。人们为纪念李冰父子为其立祠，尊其为神。

都江堰整个工程分为三部分：宝瓶口、分水堰和飞沙堰，规模宏大，布局合理，构成了一个防洪、灌溉、航行三种作用于一体的水利工程，充分体现了我国古代劳动人民的勤劳和智慧，是世界水利工程史上罕见的奇迹。

成都平原能够被人们称为"天府"之国，是与李冰创建都江堰密不可分的，正是因为有了都江堰，成都平原才消除了水患并得以很好的灌溉，才使蜀中人民拥有了数万亩良田。都江堰水利综合工程不论是规划、设计还是建造方法，都具有高度的科学性，堪称是天才智慧的结晶。历经两千余年都江堰至今仍造福蜀中人民，李冰也一直为四川人民所崇敬，被人们称为"川主"，在许多地方都修有"川主祠"，来表达蜀中人民对他的感激和怀念。

屈　原

屈原，名平，字原，战国时期楚国人。著名的诗人、政治家，"楚辞体"的创立者。屈原的远祖是颛顼高阳氏，据《史记·楚世家》载，高阳氏六代孙名季连。周成王时，季氏曾孙熊绎受封于楚。传至熊通，即为楚武王。武王之子封采邑于屈，子孙就以屈为氏，屈姓成为楚的国姓之一。自春秋以来，楚国的很多高官显位都由屈氏担任。

屈原一生的活动与当时的历史变革密切相关。随着周王朝的统治日趋没落，各诸侯国各自为政，竞相争霸，楚国在动荡当中成为了新兴的大国。在七国并立的时代，秦、楚的实力最为强大。屈原辅佐楚怀王时，七雄间的征战已经如火如荼。屈原最初很受怀王重用，负责国家政令的起草，推行变法，并作为使者两度出使齐国。在怀王之前，已有吴起变法在先，怀王也想有一番作为，因而支持变旧更新。然而变法必然会触及到贵族重臣的利益，因此一些大权在握的官员极力反对变法，在怀王面前进谗言。怀王听信谗言，开始疏远屈原。在屈原被疏远之后，秦派张仪游说楚国，以土地诱惑其与齐国断交。怀王垂涎秦国的土地，果然绝齐亲秦。然而断交后，秦没有兑现诺言。怀王恼羞成怒，出兵伐秦，结果因孤军作战被打得大败。受形势所迫，怀王再派屈原出使齐国，希望修复邦交。不久，秦昭王提议两国联姻，要求与楚王会面，屈原力谏不能赴会。怀王不听，去了秦国，结果被扣留，最后客死他乡。屈原则被逐出朝廷，流放到了汉北地区。怀王死后，顷襄王继位，任弟弟子兰为令尹。当时国人都怪罪子兰劝怀王入楚，同情屈原。子兰于是唆使上官大夫向顷襄王进言诽谤屈原。顷襄王盛怒之下，把屈原流放到了更远的江南地区。屈原辗转在沅、湘一带漂流了近十年。最后自沉汨罗江，以死明志。

第七章　九州一统　天下归秦

秦王灭六国

秦王嬴政杀了荆轲，命令大将王翦攻打燕国。燕王杀了带兵反抗的太子丹，向秦国求和。

秦王嬴政听从尉缭的计策，就派兵 10 万人先攻魏国。魏王向齐国求救，齐国没有出兵相助。公元前 225 年，王贲灭了魏国。

接着，秦王嬴政就打算去攻打楚国，派李信带兵 20 万攻打楚国，兵败。

秦王嬴政大怒，给王翦 60 万人马。楚国大将项燕防备不慎，秦军突然发起攻势，60 万人马排山倒海似的冲杀过去。秦军一直打到寿春（今安徽寿县西）俘虏了楚王负刍。项燕拔剑自杀。

王翦灭楚之后，回到咸阳。由他的儿子王贲接替做大将，去攻打燕国。公元前 222 年，王贲灭掉燕国，还攻占了赵国最后留下的代城。

公元前 221 年，王贲带了几十万秦兵，从燕国南部直扑临淄。没有几天，秦军就进了临淄，齐王投降。

自从公元前 475 年进入战国时期起，各诸侯国经过 250 多年的纷争，终于结束了长期的诸侯割据的局面，建立了第一个统一的多民族的封建国家——秦王朝。

秦始皇

秦始皇是秦庄襄王子楚的儿子。他出生时，其父子楚正在赵国作人质，因此，嬴政出生在赵国。公元前 259 年，嬴政刚出生，秦赵两国就从盟友变成了敌人。后来，赵国战败，想杀子楚，子楚在大商人吕不韦的帮助下逃回秦国，吕不韦又四处活动，使子楚当上了太子。赵姬后来也偷偷回到了秦国。

秦孝文王去世后，子楚继承了王位，即庄襄王，立下大功的吕不韦被封为相国。但好景不长，即位不到三年的子楚就因病不治，早早归西。当时嬴政年仅 13 岁，虽即位成为秦王，但大权却落在了太后赵姬和吕不韦手中。后来假宦官嫪毐利用太后的宠信，很快成为与吕不韦并列的又一大势力。

嬴政渐渐长大，不甘心听任吕不韦和嫪毐的摆布。公元前 238 年，嫪毐趁机发动叛乱，被嬴政察觉，当即下令车裂嫪毐，软禁了太后，并以嫪毐是吕不韦一手引荐为由，借机免除了他相国的职位，将权利收归自己。随后，秦王嬴政举行"加冠"大典，从此独掌大权。

国内形势安定之后，秦王嬴政开始了统一六国的战争。首先于公元前 233 年灭掉韩国，然后于公元前 225 年灭掉赵国，同年，灭燕、魏两国，此后，于公元前 224 年开始，苦战三年，将楚国打败，到公元前 221 年，秦国灭掉了最后一个国家齐国，嬴政用了十余年的时间，横扫六国，一统天下，结束了长期以来的诸侯割据时代，建立了中国历史上第一个统一的多民族中央集权的封建国家——秦。

中原地区稳定以后，秦始皇又着手军事。公元前 215 年，他派大将蒙恬北击匈奴，收复了河套地区。又将战国时秦、赵、燕三国北边的长城连接起来，修筑了举世闻名的万里长城。秦始皇在收复地设置了九原郡，移民实边，进一步稳固了北部边防。征服了南部的百越地区之后，秦始皇设立了桂林、象郡等郡。

然而，在他的辉煌功绩之外，秦始皇也做了不少蠢事和暴虐之举，他崇尚严刑苛法、租役繁重；为了钳制思想，他烧毁诗书图籍，活埋议政的方士和儒生 460 多人，严重地摧残了中国的文化。到了晚年，秦始皇竟然寻仙访道，以求长生不老，派方士徐福率童男童女数千人到东海拜神求仙，耗费巨资，一无所获。

公元前210年，秦始皇在最后一次巡游中突然病倒，行至沙丘（今河北广宗）病死。

阿房宫

秦始皇灭掉六国，统一天下后，从公元前212年起，在渭水之南的骊山脚下，修建了规模巨大、气势恢弘的阿房宫。阿房宫规模极其宏大，《史记》上说："始皇作前殿阿房，东西五百步，南北五十丈，上可坐万人，下可建五丈旗。"《汉书》也有记载："东西五里，南北千步。"秦始皇命70万劳力造阿房宫，可他还没有等到这个工程完工就死了。公元前206年，项羽攻占咸阳后，这座的伟大建筑被付之一炬，大火连烧了3个月。现尚存夯土台基，长约1000米，高约7米。

统一规制

秦始皇统一全国后，采取了一系列措施用以巩固自己的政权，建立中央集权的政治体制。他将自己定尊号为"皇帝"，自称"始皇帝"，意即自己有三皇五帝的功勋。此外，秦始皇还命令博士制定了一套尊君抑臣的朝堂礼仪和文书制度，命为"制"，令为"诏"，自称为"朕"，确立了皇帝至高无上的权威。

平定天下后，为加强中央集权，秦始皇开始调整和扩充官制，建立了一整套从中央到地方的新的政府机构。他在朝廷设立三公、九卿的统治机构辅佐皇帝，三公为丞相、太尉和御史大夫；九卿即奉常、郎中令、卫尉、太仆、廷尉、典客、宗正、治粟内史、少府。他用郡县制代替了分封制，把全国分为36个郡，由中央直接管辖，开创了中央集权的封建政体，即官僚制度。它将原本分散的各项权利都集中到皇帝一人手里，加强了各地区政治、军事、经济、文化的联系，这一制度一直沿用了两千多年，为我国的长期统一奠定了基础。

文化方面，秦始皇以秦国通行的文字为基础制定标准文字小篆，命文官编写课本，在全国范围内推行。为增进交流，秦始皇又发展交通，修建由咸阳至燕齐和吴楚的驰道，以及由咸阳经云阳到九原的道路，连接了长江水系和珠江水系。他又将车轨一律定为六尺宽，这样，各国的车辆就可以通行全国了。此外，秦始皇还统一了货币和度量衡，规定全国只通用两种货币，一种称上币，为黄金铸造，重二十两；另一种称下币，为铜铸的圆形方孔钱，每枚半两。文字、货币和度量衡的统一以及交通的便利，都促进了秦国各地的经济、文化的交流和发展，加强和维护了全国的统一。

焚书坑儒

秦朝确立了专制主义中央集权的封建行政体制后，一些儒生和游士针对时政，引证《诗》《书》和诸子百家的话，以古非今，"入则心非，出则巷议"。秦始皇三十四年（公元前212年），丞相李斯为杜绝"诸生不师今而学古，以非当世，惑乱黔首"的现象，提出"焚书"的建议，被秦始皇所采纳。当时所焚之书包括统一前的列国史记和百姓私藏的《诗》《书》和百家语；至于秦国的史书、博士官收藏的图书和百姓家藏的医药、卜筮、种树等技艺之书，则不在这个范围之内。所禁书籍都必须在30天之内上交地方官府焚毁。

焚书的次年，又发生了坑儒事件。秦始皇晚年为求长生不老，把希望寄托在方士寻觅仙药上，因此，方士侯生、卢生等很受宠幸。后来，侯生、卢生无法继续行骗，便以始皇贪于权势、不可为求仙药为由，相约逃亡。秦始皇得知后非常愤怒，认为儒生多以妖言惑乱黔首，于是下令御史案问诸生。受株连的儒生达460余人，最后都被活埋于咸阳。

大泽乡起义

公元前209年，阳城（今河南登封东南）地方官派了两个军官，押着900农民送到渔阳（今北京市密云西南）去防守。其中有两个小组长，一个叫陈胜，一个叫吴广。陈胜年轻的时候，就是个有志气的人。他跟别的长工一块儿给地主种田，心里常常想，我年轻力壮，为什么这样成年累月地给别人做牛做马呢，总有一天，我也要干点大事业出来。

有一次，他跟伙伴们在田边休息，对伙伴们说："咱们将来富贵了，可别忘了老朋友啊！"大伙儿听了好笑，说："你给人家卖力气种地，打哪儿来的富贵？"陈胜说："燕雀怎么会懂得鸿雁的志向呢！"

到大泽乡（今安徽宿县东南）的时候，正赶上连天大雨，水淹了道路，没法通行。他们只好扎了营，停留下来。

秦朝的法令很严酷，被征发的农民如果误了期，就要被杀头。陈胜偷偷跟吴广商量："这儿离渔阳还有几千里，怎么也赶不上限期了，难道我们就白白地去送死吗？"

吴广说："那怎么行，咱们开小差逃吧。"陈胜说："开小差被抓回来是死，起来造反也是死，一样是死，不如起来造反，死了也比送死强。老百姓吃秦朝的苦也吃够了。听说二世是个小儿子，本来就挨不到他做皇帝，该登基的是扶苏，大家都同情他；还有，楚国的大将项燕，立过大功，大家都知道他是条好汉，现在也不知道是死了还是活着。要是咱们借着扶苏和项燕的名义，号召天下，楚地的人一定会来响应我们。"

吴广赞成陈胜的主张。为了让大伙儿相信他们，他们利用当时人大多迷信鬼神，想出了一些计策。他们拿了一块白绸条，用朱砂在上面写上"陈胜王"三个大字，把它塞在一条人家网起来的鱼的肚子里。兵士们买了鱼回去，剖开了鱼，发现了这块绸子上面的字，十分惊奇。

到了半夜，吴广又偷偷地跑到附近的一座破庙里，点起篝火，先装作狐狸叫，接着喊道："大楚兴，陈胜王。"全营的兵士听了，更是又惊又害怕。

第二天，大伙儿看到陈胜，都在背后点点戳戳地议论着这些奇怪的事，加上陈胜平日待人和气，就更加尊敬陈胜了。

有一天，两个军官喝醉了酒。吴广故意跑去激怒军官，那军官果然大怒，拿起军棍责打吴广，还拔出宝剑来威吓他。吴广夺过剑来顺手砍倒了一个军官。陈胜也赶上去，把另一个军官杀了。

陈胜把兵士们召集起来说："男子汉大丈夫不能白白去送死，死也要死得有个名堂。王侯将相，难道是命里注定的吗？"

大伙儿一齐高喊说："对呀，我们听你的！"

陈胜叫弟兄们做了一面大旗，旗上写了一个斗大的"楚"字。大家对天起誓，同心协力，推翻秦朝。他们公推陈胜、吴广为首领。九百条好汉一下子就把大泽乡占领了。临近的农民听到这个消息，都拿出粮食来慰劳他们，青年们纷纷拿着锄头铁耙到营里来投军。人多了，没有刀枪和旗子，他们就砍了许多木棒做刀枪，削了竹子做旗杆。就这样，陈胜、吴广建立了历史上第一支农民起义军。历史上把这件事称作"揭竿而起"。起义军打下了陈县（今河南淮阳）。陈胜召集陈县父老商量。大家说："将军替天下百姓报仇，征伐暴虐的秦国。这样大的功劳，应该称王。"

陈胜就被拥戴称了王，国号叫做"张楚"。

刘邦和项羽

陈胜、吴广发动农民起义以后没有多久，风暴席卷了大半个中国。

秦二世惊慌失措，赶快派大将章邯把在骊山做苦役的囚犯、奴隶放了出来，编成一支军队，向起义军反扑。吴广在荥阳被部下杀死。起义后的第六个月，陈胜在撤退的路上被叛徒杀害了。

陈胜、吴广虽然死了，可是由他们点燃起来的反抗秦朝的那把火正在到处燃烧。在南方的会稽郡（治所在今江苏苏州）声势更大。

在会稽郡起兵的是项梁和他的侄儿项羽。项梁本是下相（今江苏宿迁西南）人，因为跟人结了冤仇，避到会稽郡吴中来。吴中的年轻人见他能文能武，都很佩服他，把他当老大哥看待。项梁也教他们学兵法，练本领。

他们听到陈胜起义，觉得是个好机会，就杀了会稽郡守，占领了会稽郡。不到几天，拉起了一支8000人的队伍。因为这支队伍里大都是当地的青年，所以称为"子弟兵"。

项梁、项羽带着八千子弟兵渡过江，很快打下了广陵（郡名，今江苏扬州市），接着又渡过淮河，继续进军。一路上又有各地方的起义队伍来投奔项梁，和他们联合起来。

第二年，有一支100多人的队伍，由刘邦带领，来投靠项梁。

刘邦本来是沛县（今江苏沛县）人，在秦朝统治下，做过一名亭长（秦朝十里是一亭，亭长是管理十里以内的小官）。

沛县县里的文书萧何和监狱官曹参知道刘邦是个好汉，很同情他，暗暗地跟他们来往。

陈胜打下了陈县，萧何和沛县城里的百姓杀了县官，派人到芒砀山把刘邦接了回来，请他当沛县的首领。大家称他沛公。

刘邦在沛县起兵以后，又召集了两三千人，攻占了自己的家乡丰乡。

接着他带了一部分队伍攻打别的县城，不料留在丰乡的部下叛变。刘邦得到这个消息，要回去攻打丰乡，可是自己的兵力不足，只好往别处去借兵。

他到了留城（今江苏沛县东南），正好张良也带着100多人想投奔起义军。两人遇在一起，很谈得来。他们一商量，觉得附近的起义队伍中，只有项梁声势最大，决定去投奔项梁。

项梁见刘邦也是一个人才，就拨给他人马，帮助他收回丰乡。从此，刘邦、张良都成了项梁的部下。

破釜沉舟

秦末农民起义，烽烟四起。秦军困赵于巨鹿（今河北平乡），赵王歇向楚怀王心（陈胜遇害后，项梁、项羽等便拥立原楚怀王之孙心为王，仍号楚怀王）求援，楚怀王派宋义为上将军，项羽为次将军，北上救赵。宋义率大军至安阳（今山东曹县东南）后畏缩不前，项羽便杀掉宋义，领军继续前进，当部队渡过漳河后，项羽命令把所有的船只凿破，沉到河里；再把做饭的锅也全部砸碎；每个士兵只带三天的干粮，向秦军进攻。项羽带领部队以宁愿战死也不回来的决心，与秦军进行了九次激烈的战斗，大败秦军，解了巨鹿之围。这就是著名的巨鹿之战，"破釜沉舟"的成语由此而来。

约法三章

刘邦的军队进了咸阳。刘邦在将士陪同下，来到了豪华的阿房宫。他看见宫殿这么富丽，幔帐、摆设好看得叫人睁不开眼睛。还有许许多多的美丽的宫女。他在宫里待了一会儿，心里迷迷糊糊的简直不想离开了。

这时候，他的部将樊哙闯了进来，说："沛公要打天下，还是要当个富翁呀？这些奢侈华丽的东西，使秦朝亡了，您还要这些干吗？还是赶快回到军营里去吧！"

恰巧张良也进来了，听到樊哙的话，对刘邦说："樊哙说得很对，希望您听从他的劝告。"

刘邦听了他的话，马上醒悟过来，吩咐将士封了仓库，带着将士仍旧回到灞上。

接着，刘邦召集了咸阳附近各县的父老，对他们说："你们被秦朝的残酷的法令害苦了。今天，我跟诸位父老约定三条法令：第一，杀人的偿命；第二，打伤人的办罪；第三，偷盗的办罪。除了这三条，其他秦国的法律、禁令，一律废除。父老百姓可以安居乐业，不必惊慌。"

刘邦还叫各县父老和原来秦国的官吏到咸阳附近的各县去宣布这三条法令。

百姓听到了刘邦的约法三章，非常高兴。大伙儿争先恐后地拿着牛肉、羊肉、酒和粮食来慰劳刘邦的将士，刘邦好言好语地劝他们把这些东西拿回去，他说："粮仓里有的是粮食，不要再让你们费心了。"

从那时候起，刘邦的军队给关中的百姓留下了好的印象，人们都巴不得刘邦能留在关中做王。

鸿门宴

刘邦与项羽各自攻打秦朝的部队，刘邦兵力虽不及项羽，但刘邦先破咸阳，项羽勃然大怒，派英布击函谷关，项羽入咸阳后，到达戏西，而刘邦则在灞上驻军。刘邦的左司马曹无伤派人在项羽面前说刘邦打算在关中称王，项羽听后更加愤怒，下令次日一早让兵士饱餐一顿，击败刘邦的军队。一场恶战在即。刘邦从项羽的叔父项伯口中得知此事后，惊讶无比，刘邦两手恭恭敬敬地给项伯捧上一杯酒，祝项伯身体健康长寿，并约为亲家，刘邦的感情拉拢，说服了项伯；项伯答应为之在项羽面前说情，并让刘邦次日前来向项羽道歉。鸿门宴上，虽不乏美酒佳肴，但却暗藏杀机，项羽的亚父范增，一直主张杀掉刘邦，在酒宴上，一再示意项羽发令，但项羽却犹豫不决，默然不应。范增召项庄舞剑为酒宴助兴，趁机杀掉刘邦，项伯为保护刘邦，也拔剑起舞，掩护了刘邦，在危急关头，刘邦部下樊哙带剑拥盾闯入军门，怒目直视项羽，项羽见此人气度不凡，只好问来者为何人，当得知为刘邦的参乘时，即命赐酒，樊哙立而饮之，项羽命赐猪腿后，又问能再饮酒吗，樊哙说，臣死且不避，一杯酒还有什么值得推辞的。樊哙还乘机说了一通刘邦的好话，项羽无言以对，刘邦乘机一走了之。刘邦部下张良入门为刘邦推脱，说刘邦不胜饮酒，无法前来道别，现向大王献上白璧一双，并向大将军范增献上玉斗一双，请他收下了。无奈的项羽收下了白璧，气得范增拔剑将玉斗撞碎并大骂项羽。

楚汉之争

项羽分封诸侯后即罢兵回楚都彭城（今江苏徐州）。不久，齐、赵和彭越起兵反楚，对西楚构成直接威胁。项羽不得不调遣主力击齐，以稳定局势。当时僻处巴蜀的刘邦乘项羽无暇西顾之际，于8月出故道，迅速还定三秦，继续东进，使项羽在战略上陷于两线作战的不利处境。楚军主力困于齐地，无法脱身。刘邦乘隙进驻洛阳，同时，以项羽放杀义帝为由，率诸侯联军共56万人进据楚都彭城。项羽得知彭城失陷的消息后，亲自率精兵3万人回师彭城。在楚军突然袭击下，汉军56万乌合之众一败涂地，刘邦仅得与数十骑突围。

彭城之战后，楚汉双方便进入了长达2年零4个月的相持阶段。相持阶段一开始，刘邦就组建了骑兵部队，有效地阻挡了楚军的进攻；与此同时，汉军一方面坚守荥阳、成皋一线，一方面积极在楚军的后方和侧翼开辟新战场。这一部署打击了项羽在战略上的致命弱点，很快收到了成效。汉二年（公元前205年）8月至次年（公元前204年）10月，韩信接连平定魏、代、赵、燕，矛头直指齐地，逐渐形成包围西楚的态势。而项羽却始终不能摆脱两线作战，首尾不能相顾的困境。

汉四年（公元前203年）8月，项羽向刘邦提出议和，楚汉约定以鸿沟为界，鸿沟以西为汉，以东为楚。9月，项羽率兵东归，而刘邦却背约攻楚。次年（汉五年，公元前202年）12月，项羽被围困于垓下（今安徽灵璧，一说今河南淮阳、鹿邑间），汉军四面唱起楚歌，楚军士无斗志；项羽率少数骑兵突围至乌江（今长江，位于今安徽和县东北乌江镇段），自刎而死。楚汉战争最后以刘邦夺取天下，建立西汉王朝而告终。

第八章　大汉雄风　帝国崛起

汉初政策

西汉建立之初，由于常年战乱，经济萧条，土地荒芜，国库空虚。为此，刘邦采取了一系列措施，以巩固统治，恢复生产。他减轻赋税，"与民休息"；秉承秦制，加强中央集权，在朝廷设立三公九卿，在地方采用郡县制和 20 等爵位制；在秦律基础上制定《汉律九章》和礼仪制度；实行"强本弱末之术"，鼓励农耕，压抑商贾，避免以商害农；将六国君主的后裔和豪族大户迁至关中以加强控制；实行休养生息政策，让大批士兵退伍回家，减免他们的徭役，以恢复经济和生产；执行轻徭薄赋的政策，"田赋十五税一"，即按人头征税，每个成年人每年 120 钱。这些举措都为恢复生产、发展农业奠定了基础，对恢复残破的社会经济和稳定封建统治起了重要作用。

白登之围

公元前 200 年，匈奴首领冒顿率军南下，与叛汉的韩王信联兵围困晋阳。刘邦亲自带领军队迎击，被匈奴骑兵包围在平城白登山达七天七夜之久，后来陈平用计买通了冒顿身边的人，汉军才得以从匈奴的包围圈中脱身。刘邦鉴于汉朝初建，国力并不雄厚，一时没有能力将匈奴征服，就采纳娄敬的建议，与匈奴和亲，每年馈赠絮缯酒食等礼物给匈奴，并且开放汉与匈奴之间的关市。汉与匈奴的关系暂时缓和下来了。

韩信之死

在楚、汉之争中，刘邦之所以能够取胜，其中关键的一个因素是韩信在军事上的不断成功。韩信的军事才能令人叫绝，但是在政治斗争方面却相当幼稚。在楚、汉相争的决定性时刻，他没有听从蒯彻的建议，错过了乘势建立个人势力的时机。而在刘邦建立汉朝以后，被封为楚王的韩信却又表现出独占一方的意图，给刘邦削弱他的势力制造了很好的借口。公元前201年，韩信被贬为淮阴侯之后，曾与刘邦讨论过领兵打仗的话题。刘邦问韩信："你说我能指挥多少士兵？"韩信说不会超过10万。可当刘邦问韩信时，韩信自负地说："我是越多越好啊！"刘邦笑着反问道："既然你是越多越好，为什么还要受制于我呢？"韩信说："那是因为陛下虽然不善于带兵，但却擅长使用将领呀。"这场对话的表面意义很清楚，可背后的对立与斗争，却很少受人重视。刘邦的江山已定，他认为，有更多的能带兵打仗的将帅，已不是国家之福，而是帝王之祸了。

到了这一年，刘邦带兵平定陈豨的造反时，要求韩信随军行动，韩信称病不从。而在私下里，韩信却与陈豨联络，想里应外合，企图改变不利于自己的局面。结果，消息不慎走漏，韩信被吕后诱杀（公元前196年）。临死之时，韩信才后悔没有听从蒯彻的建议。曾经在战场上叱咤风云的人物，就这样被人杀掉了。

七国之乱

汉高祖刘邦在铲除韩信等异姓王的过程中，为了使刘家政权万世长存，于是大封同姓诸侯。然而随着时间的推移，这些诸侯王的权势越来越大，逐渐威胁到了中央政权。文帝时，著名政治家贾谊已注意到这个问题，并向文帝提议采取措施，文帝将一些大国分成若干小国，但没有成功。至汉景帝，御史大夫晁错也看到了这个问题的严重性，于是提出了"削藩"的主张。然而没有想到的是，这却成了诸侯王反叛中央的一个借口。吴王刘濞联合楚王、赵王、胶东王、胶西王、济南王、淄川王六个诸侯，以"清君侧，诛晁错"的名义，于景帝三年（公元前154年）发动叛乱。这就是历史上有名的"七国之乱"。

叛乱之初，景帝顾忌各诸侯国的强大势力，于是将晁错杀掉，以安抚各诸侯王。但刘濞"清君侧"是假，"篡君位"是真，不但不就此罢兵，甚至自封为"东帝"。刘濞的做法使景帝看清了当前的形势，于是下决心平定叛乱。经过 3 个月的战争，平定了七国的叛乱，沉重地打击了诸侯王的势力，巩固了中央政权。

文景之治

惠帝、吕后时期（公元前 194 年～公元前 180 年），在政治上起着显著作用的是无为思想。丞相曹参沿袭萧何辅佐汉高祖的成规，所谓"萧规曹随"，举事无所变更。在这 15 年中，很少兴动大役。惠帝时几次发动农民修筑长安城，每次为期不过 1 个月，而且都在冬闲的时候进行。惠帝四年（公元前 191 年）又"省法令妨吏民者，除挟书律"，吕后元年（公元前 187 年）"除三族罪、妖言令"。边境戍卒一岁一更的制度，也在这时重新确定了。

文景时期"与民休息"的政策，既是对刘邦时期这一政策的延续，同时又有所调整。文帝十三年（公元前 167 年），文帝下诏对田租进行全免；景帝元年（公元前 156 年）复收田租之半，即三十税一，并成为汉朝定制。文帝时，丁男徭役减为"三年而一事"，算赋也由每年一百二十钱减为四十钱。长期减免田租徭赋，促进了广泛存在的自耕农民阶层的发展。农业的发展，大大降低了粮价。商业也日益活跃起来。文帝十二年（公元前 168 年）又取消过关用传制度，这项举措对行旅来往和商品流通十分有利。文帝"弛山泽之禁"，促进了盐铁业的发展，同时也有利于农民的副业生产。

文景二帝提倡节俭。皇帝尚节俭，对社会上的侈靡之风，多少会起一些制约作用。此外，文景时期，对待匈奴和周边少数民族，以和为贵，尽量避免发生冲突；对强敌匈奴仍采取"和亲"政策。

文景时期，在法律方面也进行了一些改革。文帝废除了汉律中沿袭秦律而来的收孥相坐律令，缩小了农民奴隶化的范围。文帝、景帝又相继废除了黥、剐等刑，减轻了笞刑。

文景时期的"与民休息"政策，有利于生产的恢复和发展。可以说，这是中国封建社会的第一个盛世。

罢黜百家　独尊儒术

西汉初年，在政治上主张无为而治，经济上实行轻徭薄赋。在思想上，主张清静无为和刑名之学的黄老学说受到重视。

汉武帝即位时，从政治上和经济上进一步强化专制主义中央集权制度已成为封建统治者的迫切需要。

主张清静无为的思想已不能满足上述政治需要，更与汉武帝的好大喜功相抵触；而儒家的大一统思想、仁政思想和君臣伦理观念显然与武帝时所面临的形势和任务相适应。于是，在思想领域，儒家终于取代了道家的统治地位。

建元元年（公元前140年）武帝继位后，丞相卫绾奏言："所举贤良，或治申、商、韩非、苏秦、张仪之言，乱国政，请皆罢。"得到武帝的同意。

董仲舒指出的适应政治上大一统的思想统治政策，很受武帝赏识。儒家思想完全成为封建王朝的统治思想，而道家等诸子学说则在政治上遭到贬黜。

张骞出使西域

公元前138年，汉武帝委派张骞为特使，率100多人的使团出使西域，以期联合大月氏共同对付匈奴。但是，张骞的使团出了阳关不久，便遭到匈奴的骑兵袭击，一行人全部被俘并被辗转押到匈奴王庭，张骞在被关押了10年之后，终于找准机会逃了出去，到了大宛国，然后再从大宛到了康居国，最后历经艰辛到达了大月氏国。可是大月氏已迁徙，不想再跟匈奴打仗了。张骞只得再从大月氏国到大夏国（今阿富汗）。在考察了大夏国后，张骞启程回国，途中再次落入了匈奴人之手，又被他们关了1年多，后于公元前126年回国。

张骞第一次出使西域，虽然没有完成汉武帝交给他的任务，但却了解了西域各国的风土人情和政治、经济情况。对于他的表现，汉武帝非常满意，封他为"博望侯"。公元前119年，张骞再度出使西域，这时汉朝已经取得了对匈奴战争的三次胜利。张骞率领庞大的马队，带了中国的丝绸、茶叶等特产，从西域各国换回了毛毯、貂皮、骆驼，以及葡萄、黄瓜、芝麻等商品。此次出使的目的地是乌孙，虽与乌孙联抗匈奴迟迟未定，但乌孙王派使者随张骞回访汉朝。

张骞出使西域，使中国与西域之间的文化交流大大加强了。张骞开拓的从长安到西域各国的通商之路，成为举世闻名的"丝绸之路"。

苏武牧羊

苏武（公元前140年～公元前60年），字子卿。杜陵（今陕西西安）人，是西汉尽忠守节的著名人物。父亲苏建，曾经几次跟随名将卫青北击匈奴，后来做过代郡太守。当时的官僚制度规定，父亲做官的，其子可以先从品级较低的郎官入仕做官。苏武也是先任郎官，然后逐步升迁。在汉武帝天汉元年，即公元前100年，他以中郎将之职奉命出使匈奴。由于匈奴的缑王谋划劫持单于母亲阏氏归顺汉朝，而汉朝的副使张胜牵涉在内，苏武也受牵连。

匈奴单于为了逼迫苏武投降，开始时将他幽禁在大窖中，苏武饥渴难忍，就吃雪和旃毛维持生存，但绝不投降。单于又把他弄到北海（今苏联贝加尔湖），苏武更是不为所动，依旧手持汉朝符节，牧羊为生，表现了顽强的毅力和不屈的气节。后来，昭帝即位后，汉朝和匈奴和亲，汉朝要匈奴送还苏武等使臣，但单于却谎称苏武等人已经死去。

后来，汉朝使者又到了匈奴地区，终于得知苏武依然健在，于是扬言说，汉朝的天子在上林苑中射到一只大雁，雁的脚上系着帛书，帛书中清楚地写着苏武在北方的沼泽之中。单于只好把苏武等9人送还。

苏武在匈奴的时间很长，前后共有19年。

在昭帝始元六年，即公元前81年，苏武终于回到了长安。第二年，上官桀、上官安父子和桑弘羊被人控告谋反，苏武和上官父子、桑弘羊原来关系很好，加上他的儿子也参与其中，苏武被罢官。昭帝死后，苏武因为参与了拥立宣帝，被赐爵关内侯。

司马迁写《史记》

《史记》为西汉著名史学家司马迁所著。司马迁著《史记》时，把每一个地点、每一个年代、每一个细节都进行核实，真实而生动地记载下每一个历史事件。他呕心沥血16载，写成了中国第一部历史巨著《史记》，为后人研究黄帝到汉武帝时期的历史留下了宝贵的资料。

《史记》从传说中黄帝时代写起，一直写到汉武帝太始二年（公元前95年）为止，汇编成130篇，52万字的史学巨著，开创了纪传体通史的先河，被列为中国第一部"正史"。

王莽篡位

王莽，字巨君。汉元帝皇后王政君侄。早年折节恭俭，勤奋博学，孝事老母，养护寡嫂兄子，以德行著称。成帝时封为新都侯。哀帝时，外戚丁、傅两家辅政，王莽被迫告退，闭门自守。哀帝死，王政君以太皇太后临朝称制，任王莽为大司马，拥立刘衍为帝，由他总揽朝政。遂诛灭异己，大封汉宗室、功臣子孙和在朝大官为侯，广植党羽，以此获得了许多人的拥护。平帝死，改立两岁的孺子婴为帝，自己以摄政名义据天子之位，称"假皇帝"。

初始元年（公元8年）废孺子婴，自称皇帝，改号为新，建年号为"始建国"。于是托古改制，下令变法：将全国土地改为"王田"，限制个人占有数量；奴婢改称"私属"，均禁止买卖；推行五均六，以控制和垄断工商业，增加国家税收；屡次改变币制，造成经济混乱，农商失业，食货俱废；恢复五等爵，经常改变官制和行政区划等等。由于贵族、豪强破坏，改制没有缓和社会矛盾，反使阶级矛盾激化；又对边境少数民族政权发动战争，赋役繁重，横征暴敛，法令苛细，终于在公元17年爆发了全国性的农民大起义。公元23年，新王朝在赤眉、绿林等农民起义军的打击下崩溃，王莽也在绿林军攻入长安时被杀。

绿林、赤眉起义

王莽的残酷压榨，加上一连串的天灾，逼得农民走投无路，纷纷起义。

公元17年，南方荆州闹饥荒，老百姓不得不到沼泽地区挖野荸荠充饥。人多野荸荠少，引起了争夺。新市（今湖北京山东北）有两个有名望的人，一个叫王匡，一个叫王凤，出来给农民调解，受到农民的拥护。大家就公推他们当首领。

他们占领了绿林山（今湖北大洪山）作为根据地，不到几个月就发展到七八千人。

王莽派了两万官兵去围剿绿林军，被绿林军打得大败而逃。

这时候，另一个起义领袖樊崇带领几百个人占领了泰山。不到一年工夫，就发展到一万多人。

公元22年，王莽派太师王匡（和绿林军中的王匡是两个人）和将军廉丹率领十万大军去镇压樊崇起义军。樊崇做好准备，跟官兵大战。为了避免起义兵士跟王莽的兵士混杂，樊崇叫他的部下都在自己的眉毛上涂上红颜色，作为识别的记号。这样，樊崇的起义军得了一个别名，叫"赤眉军"。

王莽的军队和赤眉军打了一仗。赤眉军越打越强，发展到了十多万人。

绿林、赤眉两支起义大军分别在南方和东方打败王莽军的消息一传开，其他地方的农民也都活跃起来。黄河两岸的大平原上大大小小起义军有几十路。有一批没落的贵族、地主、豪强也趁机起兵，反对王莽。

南阳郡春陵（今湖南宁远北）乡的豪强刘绩、刘秀兄弟两人，因为王莽废除汉朝宗室的封号，不许刘姓人做官，心里怨恨，发动族人和宾客七八千人在春陵乡起兵。他们和绿林军三路人马联合起来，接连打败了几名王莽的大将，声势就强大起来了。

公元23年，绿林军各路将士就正式立刘玄做皇帝，恢复汉朝国号，年号"更始"，所以刘玄又称更始帝。更始帝拜王匡、王凤为上公，刘缤为大司徒，刘秀为太常偏将军，其他将领也各有各的封号。

刘秀重建汉王朝

绿林、赤眉大起义推翻新莽政权后，很快又陷入了混战状态。更始帝刘玄进入长安后，大封功臣，并醉心于皇帝的生活，整日饮酒作乐。此时，赤眉军又另立放牛娃刘盆子为帝，并整顿军队，加紧向长安进军。"鹬蚌相争，渔翁得利"，正当绿林、赤眉两支起义大军各立天子、相互混战之际，刘秀却乘机壮大自己的势力，最终统一了中国，重建了汉室天下。

刘秀加入绿林军后，很快就显露出了他敏锐的政治才能和丰富的军事韬略，特别是在昆阳一战中，刘秀的杰出指挥，为起义军赢得决战胜利起到了关键作用。绿林军攻占长安后，刘秀率军离开长安，在河北（黄河以北）以复兴汉室为口号，不断壮大自身的势力。刘秀每到一个郡县，都宣布废除王莽当政时期的苛捐杂税和严酷的刑罚，并对当地的官吏进行考查，恢复汉朝的官名，赢得了当地大小官吏、平民百姓的欢迎和支持，逐渐组成了建立政权的基本力量。后来，刘秀又采用军事打击和政治争取相结合的方法，先后收编了铜马军30万人，军事实力大大增强，人称"铜马帝"。

公元25年，刘秀在群臣的拥戴下称帝，仍沿用汉的国号，年号建武，刘秀就是光武帝。

光武中兴

刘秀建立东汉政权4年后，指挥军队镇压赤眉等农民起义军，削平各地割据势力。在位期间，以"柔道"治天下，采取一系列措施，恢复、发展社会生产，缓和西汉末年以来的社会危机。建武二年至十四年（公元26～38年）颁布6道释放奴婢诏令，规定战争期间被卖为奴婢者免为庶人，未释放的官私奴婢必须有基本的人身保障。建武十一年（公元35年），连下三次诏令，规定杀奴婢者不得减罪；炙灼奴婢者依法治罪；免被炙灼的奴婢为庶人；废除奴婢射伤人处极刑的法律。恢复西汉较轻的田税制，实行三十税一。遣散地方军队，废除更役制度，组织军队屯垦。简政减吏，裁并400多县。放免刑徒为庶民，用于边郡屯田。建武十五年（公元39年），下令度田、检查户口，加强封建国家对土地和劳动力的控制。加强中央集权，对功臣赐优厚的爵禄，但禁止他们干政；排斥三公，加重原在皇帝左右掌管文书的尚书之权，全国政务经尚书台总揽于皇帝，在地方上废除掌握军队的都尉。种种措施，使东汉初年出现了社会安定、经济恢复、人口增长的局面，因此刘秀统治时期，史称"光武中兴"。

班固著《汉书》

班固（公元32～92年），字孟坚，东汉扶风安陵（今陕西省咸阳市东）人。他从小就非常聪明，9岁便能作诗文。在他23岁的那年，班固私自修改国史，被捕入狱。汉明帝十分欣赏班固的才华，命他同陈宗、尹敏、孟异等共撰《世祖本纪》。后来经过潜经积思20余年，班固终于在公元82年完成了《汉书》。

《汉书》是我国第一部纪传体断代史，体制全袭《史记》而略有变更。《史记》包括本纪、表、书、世家、列传5种体裁，《汉书》有纪、表、志、传，改"书"为"志"，没有世家。《汉书》较真实地记述和评论了西汉一代的政绩及其盛衰变化，并以很多笔墨记录了王室及大臣聚敛财富，奢侈淫逸，皇权的争夺、外戚的专横，以及封建统治阶级的淫奢，反映了人民的痛苦生活和反抗斗争。同时，详细记述了古代尤其是汉代的政治典制，表现了西汉文化的发展规模及其重要价值。

投笔从戎

班超是东汉一个很有名气的将军，他从小就很用功，对未来也充满了理想。公元62年，其兄班固被明帝刘庄召到洛阳，做了一名校书郎，班超和他的母亲也跟着去了。当时，因家境并不富裕，班超便找了个替官家抄书的差事挣钱养家。但是，班超是个有远大志向的人，日子久了，他再也不甘心做这种乏味的抄写工作了。有一天，他正在抄写文件的时候，写着写着，突然觉得很闷，忍不住站起来，丢下笔说："大丈夫应该像傅介子、张骞那样，在战场上立下功劳，怎么可以在这种抄抄写写的小事中浪费生命呢！"后来，班超出使西域，终于立了功被封了侯。傅介子和张骞两个人，生在西汉，曾经出使西域，替西汉立下无数功劳。因此，班超决定学习傅介子、张骞，为国家作贡献。后来，他当上一名军官，在对匈奴的战争中，获得胜利。接着，他建议和西域各国来往，以便共同对付匈奴。公元73年，朝廷采取他的建议，就派他带着数十人出使西域。他以机智和勇敢，克服重重困难，联络了西域的几十个国家，断了匈奴的右臂，使汉朝的社会经济保持了相对的稳定，也促进了西域同内地的经济、文化交流。班超一直在西域待了31年。期间，他靠着智慧和胆量，渡过了各式各样的危机。他为当时的边境安全，东西方人民的友好往来作出了卓越的贡献。

蔡伦改进造纸术

东汉以前都是把字写在或刻在竹片上，再编成册，那种用来写字的丝绸叫做帛。丝绸很贵而竹简又太笨重，并且不便于人们使用。蔡伦于是想出一种方法，用树皮、麻头以及破布、旧鱼网造成纸。元兴（汉和帝年号）元年（公元104年）上奏皇帝，皇帝夸赞他的才能，从此都采用他造的纸，所以天下都称之为"蔡侯纸"。这是书写材料的一次革命，它便于携带，取材广泛不拘泥，推动了中国、阿拉伯、欧洲乃至整个世界的文化发展。

张衡和地动仪

张衡（公元78—139年），字平子，南阳西鄂（今河南省南阳市石桥镇夏村）人，是我国东汉时期伟大的科学家、文学家、发明家和政治家，在世界科学文化史上树起了一座巍巍丰碑。

在地震学方面，他发明创造了"地动仪"，是世界上第一架测定地震及方位的仪器，比欧洲早1700多年。他制造的地震仪是一个精铜制成的大酒桶形的容器，直径八尺，八面有八条头朝下的龙，龙口里衔着铜丸，每条龙下方蹲着一只张着嘴的铜制蟾蜍。仪器中间悬有一根极其灵活的中心柱，叫"都柱"，上粗下细，平时，处在一种不稳定平衡状态，下有东、西、南、北、西北、西南、东南、东北八个方向的轨道。八个龙头就是八个曲杠杆，铜珠就靠曲杠杆压着，当地面有了一点震动，受到一个惯力，这只重心很高的"都柱"下端向前方产生极其微小的位移，整个都柱就向后方，也就是地震方向倒去，触动曲杠杆，那条龙口里的开关就张开，把嘴里的铜丸吐到蟾蜍口中，并发出响亮的声音，这样就知道在这个方向发生了地震。其精妙处就在于，"一龙发机，而七首不动"。

张仲景和华佗

张仲景，名机，约生于150年，卒于219年，东汉南阳郡（今河南南阳）人，是东汉末年著名的医学家，被后人尊称为"医圣"。

传说张仲景为太守之时，每逢初一、十五停办公事，亲自到大堂之上为百姓诊病，号称为"坐堂"。至今药店仍称做"堂"，应诊医生被称为"坐堂医生"。他"勤求古训，博采众方"，凝聚毕生心血，于3

世纪初著成《伤寒杂病论》16 卷。原本在民间流传中流失，后人搜集和整理成《伤寒论》和《金匮要略》两部书。

《伤寒杂病论》是中医四大经典之一，是我国第一部临床治疗学的专著。

华佗行医，并无师传。他主要是通过精研前代的医学典籍，在继承前人的基础之上，结合自己

的实践总结，加以归纳，从而创立新的学说，自成一派。由于他天资聪颖，加上学习得法，理论联系实际，他的医术迅速提高，成为远近闻名的医学家。

经过数十年的医疗实践，华佗的医术已到了炉火纯青的地步。在临床诊治方面，他灵活运用养生、针灸、方药和手术等手段，辨证施治，疗效极好，被誉为"神医"。他精通内科、外科、妇科、小儿科和针灸科等，尤擅外科。

华佗晚年著有《青囊经》《枕中灸刺经》等多部著作，可惜都已失传。他发明了一套"五禽戏"来强身健体，还培养了许多弟子，其中广陵吴普、西安李当之和彭城樊阿都是有名的良医。

党锢之祸

东汉桓帝、灵帝时，宦官专权，世家大族李膺等联结太学生抨击朝政。166 年，宦官将李膺等逮捕，后虽释放，但终身不许做官。灵帝时，外戚解除党禁，欲诛灭宦官，事泄。宦官于 169 年将李膺等百余人下狱处死，并陆续囚禁、流放、处死数百人。后灵帝在宦官挟持下下令凡"党人"的门生故吏、父子兄弟，都免官禁锢。历史上称为"党

锢之祸"。

黄巾起义

东汉末年，朝廷的腐败，地主豪强的压迫，再加上接二连三的天灾，逼得老百姓活不下去了，纷纷反抗。

巨鹿郡有张氏三兄弟。张角、张宝、张梁都挺有本事，平时乐于助人，威望很高。张角懂医道，免费给老百姓治病。看到这些景象，张角决定率领民众推翻东汉王朝。他创立了太平道，收了些弟子。

太平道的人越来越多。一时之间，八州投奔张角的人"流移奔赴，填塞道路"。花了10年时间，发展到了几十万人。

朝廷知道了这个秘密，杀害与太平道有联系的人。张角也发动起义，起义军叫"黄巾军"。

朝廷的各位大将战败，但张角不幸病死，张梁、张宝战死。起义军整整打了20年，东汉王朝也奄奄一息了。

第九章　大江东去　三足鼎立

挟天子以令诸侯

196 年，汉献帝和大臣们从长安返回洛阳。洛阳城经过董卓之乱后变得残破不堪，粮食极度匮乏。曹操已经占据了许县（今河南许昌），他采纳谋士的建议，以方便供给粮食为由，将汉献帝迎接到了许县，并将许县改名为许都。从这以后，曹操以天子的名义向天下诸侯发号施令，在政治上占有了极大的优势。

官渡之战

200 年，曹操军与袁绍军相持于官渡（今河南中牟东北），在此展开战略决战。曹操奇袭袁军在乌巢（今河南封丘西）的粮仓，继而击溃袁军主力。此战奠定了曹操统一中国北方的基础。

此战曹操善择良策，攻守相济，屡出奇兵，巧施火攻，焚烧袁军粮草，对获取胜利起重大作用，集中体现曹操卓越的用兵谋略和指挥才能，是中国历史上以少胜多的著名战例。反观袁绍，内部不和，又骄傲轻敌，刚愎自用，对于部属的正确建议，迟疑不决，一再丧失良机。终致粮草被烧，后路被抄，军心动摇，内部分裂，全军溃败。

孙策定江东

195 年，孙策率领数千兵马前往江东，将扬州刺史刘繇击溃，使自己在江东的势力大增。196 年，孙策攻下会稽（今浙江绍兴）。在以后的几年时间里，又先后削平了当地的割据势力，大体上统一了江东。200 年，孙策遇刺身亡，但他为弟弟孙权在江南建国打下了良好的基础。

三顾茅庐

汉末，黄巾事起，天下大乱，曹操坐据北方，孙权拥兵东吴，汉宗室豫州牧刘备听徐庶和司马徽说诸葛亮很有学识，又有才能，就和关羽、张飞带着礼物到隆中（今湖北襄阳城西南）去请诸葛亮出山辅佐他。恰巧诸葛亮这天出去了，刘备只得失望地回去。不久，刘备又和关羽、张飞冒着大风雪第二次去请。不料诸葛亮又出外闲游去了。张飞本不愿意再来，见诸葛亮不在家，就催着要回去。刘备只好留下一封信，表达自己对诸葛亮的敬佩和请他出来帮助自己挽救国家危险局面的意思。过了一段时间，刘备吃了三天素之后，准备再去请诸葛亮。关羽说诸葛亮也许是徒有虚名，未必有真才实学，不用去了。张飞却主张由他一个人去叫，如他不来，就用绳子把他捆来。刘备把张飞责备了一顿，又和他俩第三次请诸葛亮。当他们到诸葛亮家门前，已经是中午，诸葛亮正在睡觉。刘备不敢惊动他，一直站到诸葛亮醒来，才彼此坐下谈话。

诸葛亮见到刘备有志替国家做事，而且诚恳地请他帮助，就出来全力帮助刘备建立蜀汉皇朝。

赤壁之战

208年，曹操企图一举统一南方，带领大军南下，迅速占领荆州的部分地区。在荆州的刘备退驻樊城，只有兵力1万多人。而曹操拥有兵力20多万，实力相差悬殊。为破曹兵，刘备联合孙权，在赤壁一带共同抵抗曹军。曹操的兵力在数量上占优势。但是水军的实力不如孙、刘联军。双方刚一交战，曹操因为军队里发生疫病，就引军退到长江北岸。孙、刘联军利用火攻，烧毁曹操的船只，大火延烧到岸上的曹营，孙权和刘备的联军乘势猛攻，曹军大败，烧死和溺死的再加上饥疫死伤的人数在半数以上。曹操带领少数人马，逃回北方。

曹丕称帝

220年，曹操因病去世，其子曹丕继其位。当时东汉已完全在曹丕的控制之下，汉献帝已等同于傀儡。曹丕又实行九品中正的选官制度，得到世家大族的支持。同年，曹丕迫使汉献帝让位，即位为帝，定国号为魏，改元黄初，定都洛阳，并追尊曹操为武皇帝。

司马懿诈病赚曹爽

249年（魏正始十年），司马懿发动高平陵事变，诛杀曹爽及其党羽，将朝中大权控制在自己手中。此前曹爽一直结党专政，并排挤司马懿。司马懿称疾不朝，但却在暗地里积蓄力量，安排长子司马师为中护军，掌握部分禁军，以亲信蒋济为太尉。并伪装病笃，麻痹曹爽。

249年，曹芳去洛阳城外祭谒曹睿的陵墓高平陵。曹爽及其兄弟曹羲、曹训、曹彦一同前往。洛阳城内守备空虚。司马懿趁此机会发动政变，将洛阳城控制在自己手中。同时，用太后的名义关闭城门，占领武库，截断高平陵与洛阳的交通。接着便向曹芳上书，言为除逆臣曹爽不得，进而兵谏。

事情发生得太突然，曹爽不免惊慌失措，大司农桓范逃出洛阳，劝曹爽挟天子奔许昌，传檄天下，共讨司马懿。曹爽没有听从他的劝说，后交出兵权返回洛阳，没过多久便被司马懿处死，同时罹祸的有其兄弟多人及何晏、丁谧、毕轨、李胜、桓范等，并诛及三族。至此，司马懿便牢牢地控制住了曹魏的军政大权。

败走麦城

219年，关羽在樊城之战中水淹七军，震动了整个中原大地。曹操暗中派人与孙权取得联络，双方达成了前后夹击关羽的密谋。孙权为了麻痹关羽，派不出名的陆逊代替大将吕蒙驻守陆口（今湖北嘉鱼）。关羽看不起陆逊，果然上当，抽调守军支援襄樊前线。这时吕蒙趁机率领精兵偷袭，很快就将蜀汉占据的荆州地区给占领了。关羽慌忙往回撤退，结果败走麦城（今湖北当阳），最后全军溃散，关羽及其儿子关平都被吴军斩杀。

乐不思蜀

刘备死后，其子刘禅继位，又称刘阿斗。刘禅昏庸无能，在那些有才能的大臣死后，263年，蜀国就被魏所灭。刘禅投降后，魏王曹髦封他一个食俸禄无实权的"安乐公"称号，并将他迁居魏国都城洛阳居住。魏王自己也无实权，掌大权的是司马昭。在一次宴会上，司马昭当着刘禅的面故意安排表演蜀地的歌舞。刘禅随从人员想到灭亡的故国，都非常难过，刘禅却对司马昭说："此间乐，不思蜀。"他一点儿也不想念蜀国。

人们根据这个故事，引申出"乐不思蜀"这个成语。

屯田制

屯田亦称屯垦。西汉以来，历代为解决军粮供给、军费开支及补充国库储备，多组织士兵、利用犯人或招募百姓垦种。主要采取军屯和民屯两种形式。军屯即以军事组织形式由士兵及其家属进行垦种，民屯则以民户为主体进行有组织之屯垦，其中也有利用犯人者。此外，明代还有商屯。东汉末年，曹操组织的屯田为民屯，效果非常显著。其后，历代多沿此制。

租调制

建安九年（204年），曹操在《收田租令》中颁布了新的租调制，规定的田租是每亩每年缴纳粟四升；户调是平均每户每年缴纳绢二匹、绵二斤，具体实行时根据民户的资产划分等差进行征收。这种征收实物的户调制，实际上自东汉后期以来就已经开始，而曹操把它正式确定下来，并以此代替了繁重的口赋和算赋。它促进了北方社会经济的恢复和发展，对曹魏政权起到了一定的巩固作用，使它在三国鼎立的局面中占据了实力上的优势。租调制也是中国古代赋税史上的一次重要变革，对后代的赋税制度产生了极其深远的影响。

第十章　醒风西晋　偏安东晋

司马炎称帝

魏帝曹髦被杀以后，司马昭将自己封为晋王，为自己称帝做好了准备。265年，司马昭去世，他的儿子司马炎继位为晋王，命令魏的文武大臣都改任晋官。同年，司马炎迫使魏帝让位，正式称帝，建国号为晋，将洛阳定为都城，司马炎就是晋武帝。

西晋分封制

西晋统治者为了防止政权被外姓攫取，实行分封制。泰始元年（265），分封宗室27个王。几年以后，又陆续增封。前后受封的一共有57个王。诸王以郡为国，规定大国有民户2万，置上中下三军，共5000人；次国民户1万，置上下二军，共3000人；小国民户5000以下，置一军，1500人。同时大封功臣和异姓世家大族为公侯，一次就封500多人。这些人在西晋形成一个庞大的贵族地主阶层。

八王之乱

"八王之乱"是西晋建国后不久发生在统治阶级内部的一场大祸乱，它自290年宫廷政变起，至306年东海王司马越立晋武帝第25子司马炽为晋怀帝止，前后持续了16年。"八王"指的是汝南王司马亮、楚王司马玮、赵王司马伦、齐王司马同、成都王司马颖、河间王司马颙、长沙王司马乂、东海王司马越。

永嘉之战

八王之乱中，北方少数民族贵族乘机反晋。建武元年（304）匈奴贵族刘渊称大单，于永嘉二年（308）称帝，迁都平阳（今山西临汾）。王弥和石勒都来归附。永嘉四年（310）刘渊卒，其子刘聪杀兄夺位，命刘曜、王弥和石勒向洛阳进兵。东海王司马越率晋军主力弃洛阳而奔许昌。永嘉五年（311）司马越在军中病死，太尉王衍率军行至苦县宁平城（今河南郸城东北）被石勒追及。石勒纵骑围射，全歼晋军 10 余万人。东海王司马越的儿子和晋宗室 48 王自洛阳出逃，也尽被石勒杀害。同年六月，洛阳被攻陷，晋百官士庶死者 3 万余人，城市沦为一片废墟。晋怀帝被俘，后被杀害。

《三国志》

《三国志》是一部记载魏、蜀、吴三国鼎立时期的纪传体国别史。其中，《魏书》30 卷，《蜀书》15 卷，《吴书》20 卷，共 65 卷。记载了从魏文帝黄初元年（220），到晋武帝太康元年（280）60 年的历史。作者是西晋初的陈寿。

陈寿（233～297），字承祚，西晋巴西安汉（今四川南充北）人。他年少时好学，师事同郡学者谯周，在蜀汉时任观阁令史。当时，宦官黄皓专权，大臣都曲意附从。陈寿因为不肯屈从黄皓，所以屡遭遣黜。入晋以后，历任著作郎、治书侍御史等职。280 年，晋灭东吴，结束了分裂局面。陈寿当时 48 岁，开始撰写《三国志》。

陈寿是晋臣，晋是承魏而有天下的。所以，《三国志》便尊魏为正统。在《魏书》中为曹操写了本纪，而《蜀书》和《吴书》则只有传，没有纪。记刘备则为《先主传》，记孙权则称《吴主传》。这是编史书为政治服务的一个例子，也是《三国志》的一个特点。

王马共天下

永嘉之乱后，以王导为首的王氏七族集团辅佐琅玡王司马睿，王导的堂兄弟、王羲之的父亲王旷认为：当时北方夷族太多，建议司马睿南渡，把首都定在南京，实施战略转移，而此前，王导、王旷已经南下"开辟"了根据地。

313年，历史上发生了著名的永嘉南渡，整个中原地区的北方名门望族和精英，以及政府机构、官员甚至士族家中的佣人和鸡鸭牛马都被带过了长江。这次以门阀士族为主要力量的大迁徙共有90多万人，琅玡王氏是其中最重要的一支。317年，司马睿在建康（今南京）重建晋室，史称东晋。

由于对司马政权的大力支持和艰苦经营，琅玡王氏被司马睿称为"第一望族"，并欲与之平分天下，王氏势力最大时，朝中官员75%以上是王家的或者与王家相关的人，真正的是"王与马，共天下"。

西晋灭亡

晋愍帝司马邺14岁继皇帝位，匈奴汉国中山王刘曜驱军大进，向长安发动攻击。建兴四年（316），晋愍帝向刘曜递交降表。第二天，愍帝乘羊车，光着上身，口衔玉璧，带着棺木，出长安东门，去刘曜军营投降。晋愍帝受到了刘曜的礼遇，刘曜焚烧了棺木，接受了玉璧，为他解开绑绳，表示接受他的投降。至此，西晋宣告灭亡。从司马炎称帝到司马邺投降，西晋共经历了52年。

西晋流民

西晋中期以来，世族官僚凭借官吏占田荫客制的特权，广置田产，在全国范围内出现了不可遏止的土地兼并狂潮。同时，统治阶级贪婪、奢侈、荒淫，巨大的开支，更加重了老百姓的负担。而元康以来，又是无年不旱。元康四年（294）发生大饥荒。元康七年（297），秦、雍二州旱情严重，粮价昂贵、米斛万钱。元康以后至永嘉年间，持续发生旱蝗灾害。永嘉元年至六年（307～312），幽、并、司、冀、秦、雍六州大蝗，"草木牛马毛皆尽"，天灾人祸，终于导致了西晋末年的流民大迁徙和流民大起义。当时陕甘地区有10余万人流徙汉川，四五万人流徙鄂北、豫南，并州地区居民更是流迁四散，居民十不存二，或徙居河北，或流亡豫中。河北地区亦有四五万人流迁山东、兖州一带。四川地区有四五万人南奔湘、鄂，有一部分进入云南境内。全国流亡总数达30万户，约占西晋全国总户数（377万户）的1/12多。

闻鸡起舞

祖逖（266～321年），字士雅。河北范阳遒县（今河北涞水）人，汉族。东晋初有志于恢复中原而致力于北伐的大将。父亲祖武，任过上谷（今河北怀来县）太守。父亲去世时，祖逖还小，他的生活由几个兄长照料。祖逖的性格活泼、开朗。他好动不爱静，十四五岁了，没读进多少书。几个哥哥为此都很忧虑。但他为人豁达，讲义气，好打抱不平，深得邻里好评。他常常以他兄长的名义，把家里的谷米、布匹捐给受灾的贫苦农民，可实际上他的哥哥们并没有这个意思。著名的"闻鸡起舞"就是他和刘琨的故事。后因朝廷内乱，北伐失败。

东山再起

383年，苻坚亲自带领80多万大军从长安出发。过了1个月，苻坚主力到达项城（在今河南沈丘南），益州的水军也沿江顺流东下，黄河北边来的人马也到了彭城（今江苏徐州市），从东到西1万多里长的战线上，前秦水陆两路进军，向江南逼近。这个消息传到建康，晋孝武帝和京城的文武官员都着了慌。晋朝军民都不愿让江南陷落在前秦手里，大家都盼望宰相谢安拿主意。谢安是陈郡阳夏（今河南太康）人，出身士族，年轻的时候，跟王羲之是好朋友，经常在会稽东山游览山水，吟诗谈文。他在当时的士大夫阶层中名望很大，大家都认为他是个挺有才干的人。但是他宁愿隐居在东山，也不愿做官。有人推举他做官，他上任1个多月，就不想干了。当时在士大夫中间流传着一句话："谢安不出来做官，叫百姓怎么办？"到了40多岁的时候，他才重新出来做官。因为谢安长期隐居在东山，所以后来把他重新出来做官这样的事称为"东山再起"。

淝水之战

前秦主苻坚于383年，强征各族人民，组成80多万大军，长驱南侵，欲问鼎江南，踏平东晋。晋相谢安派出以谢玄、谢石为首的8万军队在淮南迎战。苻坚派前在襄阳俘获的晋将朱序前往劝降。朱序心向晋室，借机将军情密告谢石，并建议趁秦军兵力尚未集中，迅速挫其前锋。谢石采纳其计，于是派刘牢之率精兵五千渡过洛涧，一战斩秦军将领十人，秦兵万余被歼，首战告捷，晋军士气大振。于是水陆并进。苻坚与其弟苻融登上寿阳城，见晋军队伍严整，又望见八公山上草木，以为是晋军伏兵（"八公山上，草木皆兵"成语源此），对苻融说："此亦劲敌。"怃然有惧色。谢石将晋军推进至淝水，苻融隔水为阵。谢石遣使对苻融说："君若小退师，令将士周旋，仆与君公缓辔而观之，不亦美也？"苻融于是退兵。苻融原想趁晋军半渡淝水时出兵击之，没有想到，军队一退，就一发而不可收拾，狂奔骇退，士无斗志，阵中还有东晋降将朱序高喊"秦军败了"，被胁迫参军的各族人民乘机逃跑，阵势大乱。苻融马倒被杀，秦军大败。谢石乘胜追击。秦军"闻风声鹤唳，皆谓晋师之至"。在路上，苻坚被流矢射中，单骑遁还淮北，狼狈不堪。谢玄乘胜攻进洛阳、彭城，收复大批失地。苻坚逃到关中，不久为部下所杀。

第十一章　南北朝并立

南北朝

南北朝（420～589），是两晋之后中国历史上的一个分裂时期。这一时期。南北政权对峙长达169年。

在中国南方，先后建有刘宋、南齐、萧梁和陈四个政权，除梁元帝以江陵作都3年外，其余的时间，南方各朝的京城始终建在建康（今江苏南京）。历史上把宋、齐、梁、陈这南方四朝称之为南朝。刘宋（420～479）是其中疆域最大、统治年代最长的一个政权。南齐（479～502）的历史只有24年，但由于内部争杀频繁，竟历3代7帝，平均3年一帝，是中国历史上帝王更换极快的一朝。梁代（502～557）历3代4帝，其中武帝萧衍统治时间最久，将近半个世纪。陈（557～589）的统治时间只有33年，历3代5帝。陈是一个疆域狭小、力量单薄的王朝，统治者又极度腐败，最终丧亡于隋。

在中国北方，则有北魏、东魏、西魏、北齐、北周五朝。北魏由中国北方少数民族拓跋鲜卑建立，其打败后燕入主中原，于386年建立北魏政权，从而结束了这一地区长期混战的局面。北魏统一北方的439年（太延五年）被视为北朝的起始之年。北魏前期以平城（今山西大同）为都。孝文帝实行汉化，政治中心也迁徙到中原腹地洛阳，并推行了一系列改革鲜卑旧俗的措施。这一改革促进了北方社会经济的发展，却引起了部分守旧贵族和鲜卑武人的反对。523年（孝明帝正光四年），北魏陷入分裂和内战的局面。权臣高欢、宇文泰将北魏分为东、西两部分。东魏（534～550）以邺城为都，历1主17年；西魏（535～556）定都长安，历3帝22年。东、西魏先后被北齐（550～577）和北周（557～581）取代。577年，周灭齐，北方重新统一。581年，北周外戚杨坚夺取帝位，改国号为隋。589年隋灭陈统一全国，南北朝时期结束。

刘裕代晋

刘裕本是东晋北府兵的将领。404年，刘裕平定桓玄之乱后，就牢牢地掌握了东晋政权。接着，他通过发动北伐，使自己的威望得到了进一步的提高。420年，晋恭帝被迫让位，刘裕即位称帝，建立了南朝宋政权，刘裕就是宋武帝。

刘宋元嘉之治

刘裕建宋以后，为了振兴新朝，进行了一系列改革。他死后，长子刘义符继位。刘义符整日沉湎于游乐之中，而对朝政却置之不理，没过多久便遭到废黜。第三子刘义隆即位，这就是宋文帝，他是一位很有作为的皇帝。他继承前代的事业，推行改革：在政治上，他整顿吏治，加强对于地方官的考察监督，同时放宽刑罚，诏求贤才；在经济上，他兴修水利，奖励耕织，减免赋税，积极开展赈灾活动；在社会思想文化建设上，他大力发展教育。这样，刘宋王朝就出现了政治清明、社会安定的大好局面，宋文帝的年号是元嘉，因此历史上把这段清明的统治时期称为"元嘉之治"。

南齐的兴衰

萧道成废宋称帝以后，推行了一些对社会发展有利的措施，他下令禁止大族招募佃客和占山封水，又减免赋税，发展教育。其子齐武帝对生产也比较重视，正因为如此，社会上很快便呈现出了一片升平景象。武帝末年，皇室和贵戚的生活极其奢侈腐化，他们大肆聚敛资财以充实自己。武帝死后，他的儿子们为争夺皇位而相互残杀，国家政局越来越混乱。齐明帝萧鸾通过流血政变登上皇位以后，大肆杀伐，先后诛杀了12位亲王。东昏侯萧宝卷更加残暴，前代皇帝的子孙几乎全部被他斩杀殆尽。501年，雍州刺史萧衍起兵攻进建康，次年废掉了齐和帝萧宝融，南齐灭亡。

萧梁的衰亡

萧衍灭南齐登上皇帝宝座后，改国号为梁，历史上称为"萧梁"

（502~557）。萧衍在位时，努力调和国内的矛盾，选贤才，重农业，但与此同时，他又大力提倡佛教，不断加重刑罚。萧衍晚年时，朝政黑暗。548年8月，河南王侯景作乱，攻入建康，并在次年3月攻入梁武帝居住的台城。5月，梁武帝饿死于台城。侯景立武帝太子为帝，即简文帝。551年，侯景干脆自立为帝，建国号汉，第二年被王僧辩和陈霸先等人打败。侯景在东逃的路上被部下刺杀。随后，梁朝的宗室诸王相继拥兵自重，割据一方。陈霸先杀掉王僧辩，控制了萧梁政权。557年，陈霸先废梁自立，建国号陈。

北魏建立

拓跋部是鲜卑族的一支，最初活动于大兴安岭一带，东汉时起，拓跋部逐渐向南迁移，势力逐渐发展壮大起来。十六国时期，拓跋鲜卑曾建立代国，于376年被前秦所灭。386年，拓跋珪重建代国，同年又改国号为魏，史称北魏，他被尊为太祖道武皇帝。

北魏佛教的兴盛

509年（魏永平二年），魏帝元恪在式乾殿为众僧及朝臣讲《维摩诘经》，于是国内佛教大盛。

魏自文成帝拓跋濬时允许民间修寺院、养沙门，随之社会上就掀起了一股崇尚佛教之风，塞上云冈、陇西敦煌、中原的龙门正是崇佛的明证。魏宣武帝元恪自幼尚佛，能因讲论佛而废寝忘食。他在位时大力提倡佛教，又在式乾殿为众僧及朝臣讲《维摩诘经》，一时境内佛教大盛。元恪自养西域和尚3000多人，并建永明寺供其居住，又在嵩山建闲居寺，在洛阳城南建景明寺，青台紫阁、富丽堂皇。各地也佛教大兴，洛阳城内有500多座寺庙，各州郡也建有1万多座佛寺。

由于统治阶级崇尚佛教，使得各地屡建寺庙，令百姓承担沉重的赋役，人民苦不堪言。

北魏的灭亡

随着鲜卑贵族汉化的加深和生产的发展，北魏统治者日趋腐化，吏治逐步败坏。高阳王元雍富兼山海，其住宅、园圃豪华得像皇宫一样，僮仆多达 6000 人，妓女 500 人，一餐要耗费数万钱。他与河间王元琛斗富，豪华奢侈程度超过西晋的石崇、王恺。吏部尚书元晖被称为饿虎将军，卖官鬻职都有定价，人们称吏部为卖官的市场，称这些官吏为白昼的劫贼。地方州郡的刺史、太守也是敛财有方。北魏初年，为了阻止柔然南下的威胁，东起赤城（今属河北），西至五原修筑长城；在沿边要害处设置军事据点，即沃野等六镇。他们被视为"国之肺腑"，享有不同寻常的待遇。但迁都洛阳后，北方防务慢慢就被忽视了，镇将地位大大下降，升迁非常困难，因而他们对北魏政府的不满情绪日益高涨。正光四年（523），终于爆发了六镇起义，关陇、河北等地各族人民也陆续起义。激烈的阶级斗争使北魏政权濒临于崩溃的边缘。边镇豪强集团利用当时的混乱局面，各自发展势力。肆州秀容（山西朔县北）的尔朱荣，聚集了北镇豪强和流民，势力发展最快。武泰元年（528），孝明帝被胡太后毒死，胡太后自居摄政，尔朱荣以给孝明帝报仇为借口，向洛阳进军，在河阴杀死了胡太后及大臣 2000 余人，将朝政控制在自己手中。此后，内乱不止。534 年，北魏分裂成由高欢控制的东魏和宇文泰掌握的西魏。

陶潜归隐

陶潜，又叫陶渊明，因为看不惯当时政治腐败，在家乡隐居。陶渊明的曾祖父是东晋名将陶侃，虽然做过大官，但不是士族大地主，到了陶渊明一代，家境已经很贫寒了。陶渊明从小喜欢读书，不想求官，家里穷得常常揭不开锅，但他还是照样读书做诗，自得其乐。他的家门前有五株柳树，他给自己起个别号，叫五柳先生。

陶渊明回到柴桑老家，觉得这个乱糟糟的局面跟自己的志趣、理想距离得太远了。从那以后，他下决心隐居过日子，空下来就写了许多诗歌文章，来抒发自己的心情。陶渊明写过一篇非常有名的文章，叫做《桃花源记》。那篇文章描绘的那种人人劳动，个个过着富裕、安定生活的图景，反映了在当时黑暗动荡时代的人民的一种美好愿望。

祖冲之

祖冲之（429~500），字文远，祖籍范阳郡道县（今河北涞源县），南北朝时期杰出的数学家、天文学家和机械制造家。

在天文学方面，祖冲之创制了中国历法史上著名的新历——《大明历》。在《大明历》中，他首次引用了岁差，是我国历法史上的一次重大改革；他还采用了391年中设置144个闰月的新闰周，比古代发明的19年7闰的闰周更加精密。祖冲之推算的回归年和交点月天数都与观测值非常接近。

在数学上，祖冲之推算出圆周率的数值应该介于3.1415926和3.1415927之间，比欧洲要早1000多年。在机械制造上，曾制造了铜铸指南车、利用水力舂米磨面的水碓磨、能日行百里的"千里船"和计时仪器漏壶、欹器等。

为了纪念祖冲之的功绩，人们将月球背面的一环形山命名为"祖冲之环形山"，将小行星1888命名为"祖冲之小行星"。

郦道元著《水经注》

郦道元，字善长，我国古代的地理学家、散文家。通过实地的考察和对地理书籍的研究，郦道元深切感到前人的地理著作，包括《山海经》《禹贡》《汉书·地理志》以及大量的地方性著作，所记载的地理情况都过于简略。三国时有人写了《水经》一书，虽然略具纲领，但却只记河流，不记河流流经地区的地理情况，而且河流的记述也过于简单，并有许多遗漏。更何况地理情况不是固定不变的，随着时间的推移，地理情况也不断发生变化。例如，河流会改道、地名有变更、城镇村落有兴衰等等，特别是人们的劳动会不断改变地面的风貌。因此历史上的地理著作，已经不能满足人们的需要了。郦道元决心动手写一部书，以反映当时的地理面貌和历史变迁的情况。

郦道元在《水经注》中补充了许多河流，数量比《水经》增加了近10倍，达1252条，其中有些还是独立流入大海的重要河流。《水经注》共计40卷，约30万字，是我国第一部以记载河道水系为主的综合性地理著作，在我国长期历史发展进程中有过深远影响，自明清以后不少学者从各方面对它进行了深入细致的专门研究，形成了一门内容广泛的"郦学"。

第十二章　乾坤变换　隋朝兴衰

杨坚建隋

杨坚生于北周时期，五世祖杨元寿为北魏初年武川镇司马，父杨忠在宇文泰帐下为将，又因战功封为十二大将军之一。故魏恭帝赐姓普六茹氏。凭借深厚的家族根基和自身的聪明才智，杨坚16岁时即任膘骑大将军，加开府。周武帝即位后，袭隋国公，成为北周重臣，历任上柱国、大司马、大后丞、大将军等要职。

大象元年（579），周宣帝暴卒，年仅7岁的周静帝即位，杨坚以外祖父的身份受命入朝摄政，都督内外军政事宜，从此，掌握了北周军政大权。随后不久，即为左大丞相，文武百官无不听其号令。掌握朝野后，杨坚为了收买人心，笼络亲党，下令废除了周宣帝时的苛刑酷政，提倡节俭，自己更是以身作则。接着，他大杀北周王室诸侯，铲除各支反对势力，为自己登上皇帝宝座铺平了道路。

581年2月，杨坚迫使周静帝将帝位让出，自立为帝，建立隋朝，改年号为"开皇"，建都长安，史称隋文帝。开皇九年（589），隋文帝灭掉陈朝，完成了统一天下的大业。

隋朝的改革

杨坚建立隋朝后，为加强封建中央集权从政治、经济、军事几方面入手，采取了一系列改革措施。

在政治上，隋文帝首先改革了政权机构。在中央设立三省六部，即内史、门下、尚书三省，吏、民、礼、兵、刑、工六部，确保皇权，防止外戚篡权和地方势力分裂割据；对于地方行政机构，他撤除冗赘州县，将原来的州、郡、县三级改为州、县两级，既节省了政府开支，又提高了行政绩效；他还规定地方官吏不得自辟僚佐，从而大大加强了中央对地方的控制能力；他还大刀阔斧地进行了选举制度的改革，彻底废除了九品中正制度，采用考试与举荐相结合的制度，多次下令选诏贤良，尤其重视选拔门第寒微的有才之士，为隋炀帝正式推行科举制度奠定了基础。其次，隋文帝勤于政事，大力整顿吏治，修订并颁行了《开皇律》，对后代的封建法律有很大的影响。

在经济上，隋文帝也采取了一系列措施。他颁布了均田令，减轻赋税，减少农民的服役时间，让农民有更多的时间从事农业生产。隋文帝还实行"大索貌阅"和"输籍之法"，防止豪强庇民户为私属、侵夺朝廷户口，此举检括出了大量的隐漏户口，使政府的收入大为增加。随文帝还十分重视兴修水利，开皇二年（582），开渠将杜阳水引入三畤原（今陕西富县），四年（584），又将渭水经大兴（长安）向东引至潼关，直达黄河。

在巩固边防上，隋文帝采取远交近攻、离强合弱的策略，并防御强悍的突厥骑兵的侵扰，很好地稳定了北方边庭。

几年的休整，使得开皇前期的改革逐渐显出了成效，国富兵强，百业俱兴，隋朝迅速强大起来。

科举制的创立

我国的科举制度始于隋朝。隋文帝杨坚统一中国后，为了获得更多的人才，采取了开科取士的方法。

587年，文帝定制，每州每年保荐3名文章华美贡士。599年，隋文帝又以志行修谨（有德）、清平斡济（有才）两科举人。607年，隋炀帝杨广执政时，定十科举人，其中开设"文才秀美"一科（即进士科），提倡文人以诗赋获取功名。

隋唐以前，人才的选用通常是君王和一些官僚以个人好恶为标准，而隋唐的科举制度与此相比是一种进步，它客观上对开创清平的政治文化局面是有利的，也使不少门第清贫的文人脱颖而出，充分显示了朝廷重才学、轻门第的良好风气，也是国家兴盛的一个标志。

隋朝大运河

隋朝大运河始建于605年，用百余万民工挖通济渠，连接黄河与淮河，同年又用十万民工疏通古邗沟，连接淮河与长江，构成下半段。三年后，用河北民工百万余，挖永济渠，北通涿郡（今北京）、南至洛阳，构成上半段。又过两年，疏通江南运河，直抵余杭（杭州）。至此，共用五百余万民工，费时六年，大运河全线贯通，全长2700余千米，成为世界上最伟大的工程之一。

隋炀帝

杨广生于569年，是隋文帝杨坚的次子。杨广是一个野心很大的人，很善于伪装，总是在父母面前摆出一副简朴、爱民的假象，以博父母喜欢。而太子杨勇，性格直率，喜好奢华，因而不得崇尚节俭的文帝喜欢。600年，杨广利用母亲辅佐隋文帝听朝断事的关系，在独孤皇后面前污蔑太子杨勇要暗害自己，独孤皇后大怒，劝文帝废掉太子，改立杨广为太子。

当上太子后，杨广的野心更是日益膨胀。为了确保了自己太子的地位，心狠手辣的杨广又陷害弟弟杨秀，致使他被废为庶人。604年，隋文帝病重，独孤皇后已死，杨广迅速采取行动，将病中的父亲杀害，登上皇帝宝座。

605年，杨广改年号为"大业"。杀父自立后，隋炀帝杨广大权在握，马上就暴露了荒淫、奢侈、残暴的本性，更加肆无忌惮，为所欲为。

隋炀帝的暴虐和昏庸，将广大人民逼上了绝路。611年，反抗隋朝暴政的农民大起义爆发了，隋朝统治陷入了风雨飘摇的境地。然而，冥顽不灵的隋炀帝至死不悟，大业十二年（616）7月，再度巡幸江南。可惜的是，还没等到达江南，他的后路就已经被起义军切断了。618年，杨广被起义军困于江都，被禁军统领宇文化及缢杀，终年50岁。建国仅38年的隋朝重蹈秦的覆辙，断送在二世手中。

瓦岗起义

隋朝末年，全国农民不堪剥削与压榨，纷纷起来反抗。611年，翟让在瓦岗寨（今河南滑县东南）领导农民起义。翟让原在东郡衙门里任职，因得罪上司，被关进监牢，并被判死罪。有个狱吏出于对他的同情，就趁夜将他放了。翟让逃到附近的瓦岗寨，招集了一些贫苦农民组成一支队伍，队伍发展迅速，很快就达到了1万多人。616年，李密投奔翟让，鼓励翟让推翻暴君，于是，瓦岗军发兵攻打荥阳。荥阳太守向朝廷告急，隋炀帝接到告急文书后，马上派大将张须陀带领大军到荥阳镇压。李密请翟让正面迎击敌人，他带了一千人马在荥阳大海寺北面的密林里埋伏。结果，隋军全军覆没，张须陀也在战斗中身亡。经过这次战斗，李密的威望提高了。翟让也把首领的位子让给了李密。大家推李密为魏公，兼任起义军元帅。瓦岗军在洛口建立了自己的政权，又乘胜攻占了许多郡县。隋朝官吏士兵纷纷来降。瓦岗军一面继续围攻东都，一面发出讨伐隋炀帝的檄文，历数炀帝的罪恶，号召百姓起来推翻隋王朝的统治。瓦岗军的声势威震中原。正当瓦岗军蒸蒸日上时，李密为了确保自己的地位不被动摇，就杀了翟让。从此，瓦岗军走向衰弱，余部后来投靠了李渊。

第十三章　梦回大唐　盛世华彩

李渊称帝

李渊，字叔德，陇西成纪（今甘肃秦安县）人。祖籍赵郡隆庆（今邢台市隆尧县）。隋炀帝即位后，李渊任荥阳（今河南郑州）、楼烦（今山西静乐）二郡太守。后被召为殿内少监，迁卫尉少卿。大业十一年（615），拜山西河东慰抚大使。大业十三年（617），拜太原留守。当时，隋末农民起义遍布全国，政局动乱。李渊便与次子李世民在大业十三年（617）五月起兵叛乱，并从河东（今山西永济西）召回长子李建成和四子李元吉。李渊叛乱后，一面遣刘文静出使突厥，请求始毕可汗派兵马相助，一面招募军队，并于七月率师南下。此时瓦岗军在李密领导下与困守洛阳的王世充激战方酣，李渊乘隙进取关中。

十一月攻拔长安，在关中站稳了脚跟。李渊入长安后，立炀帝孙代王侑为天子（恭帝），改元义宁，遥尊炀帝为太上皇；又以杨侑名义自加假黄钺、使持节、大都督内外诸军事、尚书令、大丞相，进封唐王，综理万机。次年（618）五月，李渊称帝，改国号唐，定都长安。

玄武门之变

唐高祖即位以后，封李建成为太子，李世民为秦王，李元吉为齐王。三个人当中，数李世民功劳最大，立的战功也最多。太子建成自己知道威信比不上李世民，心里妒忌，就和弟弟齐王李元吉联合，一起排挤李世民。

626年，李建成向李渊建议由李元吉做统帅出征突厥，借此要把握住秦王的兵马，然后趁机除掉李世民。李世民在危急时刻决定背水一战，先发制人。

7月2日，李渊决定次日询问二人。李建成得知情况，决定先入皇宫，和李世民对质。在宫城北门玄武门执行禁卫总领常何本是太子亲信，却被李世民策反。六月四日（庚申），秦王亲自带100多人埋伏在玄武门内。李建成和李元吉一同入朝，待走到临湖殿，发觉不对头，急忙拨马往回跑。李世民带领伏兵从后面喊杀而来。李元吉情急之下向李世民连射三箭，无一射中。李世民一箭就射死李建成，尉迟恭也射死李元吉。东宫的部将得到消息前来报仇，和秦王的部队在玄武门外发生激烈战斗，尉迟敬德将二人的头割下示众，李建成的兵马才不得已散去。之后，尉迟敬德身披铠甲"保护"唐高祖李渊，将事情经过上奏。3天后（癸亥），李世民被立为皇太子，诏曰："自今军国庶事，无大小悉委太子处决，然后闻奏。"两个月后，李渊退位，李世民登基。

贞观之治和开元盛世

唐太宗即位时，取年号为贞观。在整个贞观年间，李世民推行了一系列对发展社会生产有利的政策。如实行均田制，奖励垦荒；通过租庸调法，均平了赋役；注意增殖人口，赈灾备荒；兴修水利，促进社会生产的发展。由于这些措施的实行和当时社会秩序比较安定，使广大农民群众有一个生产的和平环境，于是劳动积极性得到发挥，社会经济得到迅速恢复和发展。《贞观政要》描绘当时的情景说："商旅野次，无复盗贼，囹圄常空，马牛布野，外户不闭。"这种社会安定、经济繁荣的景象，史称"贞观之治"。"贞观之治"的出现，与唐太宗卓越的政治才能是分不开的。他亲眼目睹了强盛的隋朝在农民起义的打击下顷刻而覆，而且"惕焉震惧"，常以"君者，舟也；庶人者，水也；水则载舟，水则覆舟"的古训警示自己，大臣也不断用这些话进谏。君臣同舟共济，励精图治，使得贞观年间政治清明，社会稳定，经济得到了很大的发展，人民安居乐业。

从贞观年间起步的这股经济发展势头，一直保持到百年后的唐玄宗开元年间。唐玄宗李隆基也是一位很有作为的皇帝，他即位后，厉行均田制度，改革吏治，使一度中断的清明政治得以继续，从而促使社会经济、文化有了更进一步的发展，中国封建社会出现了前所未有的盛世局面，因为这种情形主要持续在玄宗前期的开元年间，因此被称为"开元盛世"。

李世民

599年1月，李世民出生于陇西成纪，家庭背景十分显赫。其曾祖父李虎是北周的八大柱国之一，受封为唐国公；祖父袭封唐国公，曾任隋朝安州总管；父亲李渊是隋文帝独孤皇后的姨侄；母亲是神武公窦毅的女儿，是一位出色的才女。

李世民自幼聪慧过人。他写得一手好字，又武艺娴熟，擅长骑射，深得李渊的宠爱。7岁时就被封为唐国公，后来又做了太原留守。

617年5月，李渊在晋阳（今太原）起兵，李世民为统帅，11月李世民率兵攻占长安。618年，隋炀帝在江都被杀，隋朝灭亡。武德元年（618）五月，李渊称帝，建国号为唐，立长子李建成为太子，封李世民为秦王，封李元吉为齐王。

唐王朝建立之初，刘武周侵占并州，李世民挂帅出征，大破刘军，收复了并州。然后，又领兵向东，先后讨平河北窦建德、洛阳王世充以及瓦岗军、江淮杜伏威以及李轨、薛举等割据势力，到623年，李世民东征西讨，用了4年零1个月逐步平定了天下。

李世民与日俱增的威望和地位逐步威胁到了李建成的太子宝座，同时也引起了齐王李元吉的嫉妒。武德晚年，李氏兄弟为争夺皇位展开了激烈的斗争，而且愈演愈烈，终于于武德九年（626年）演出了"玄武门之变"，李世民杀死太子李建成和弟弟李元吉。李渊也在两个月后，被迫退位，改称太上皇。武德九年（626年）八月，李世民即帝位，次年改元贞观，是为唐太宗。

李世民即位后，虚怀纳谏，采纳魏征的意见，定出"偃革兴文，布德施惠，中国即安，远人自服"（《旧唐书·魏征传》）的方针，积极推行均田制等有效措施，恢复生产，励精图治，使得社会稳定，文化繁荣，经济发展，国势强盛，形成了历史上著名的"贞观之治"。

贞观二十三年（649）五月，唐太宗病逝。

唐太宗在位23年，政治开明，经济繁荣，社会安定，谱写了千古称颂的"贞观之治"。

女皇武则天

武则天本名武媚娘，生于 624 年。其父因参加李渊的晋阳起义有功，被封为应国公，任工部尚书。其母为隋朝宗室杨达的女儿。武则天是他们的二女儿，自幼才貌出众，聪慧机智，又精通文史，因而闻名京师。

637 年，武则天应召进宫，入宫后，太宗见其妩媚动人，遂赐号"武媚"，封为才人，深得太宗宠爱。649 年，唐太宗驾崩，所有未生育的嫔妃都要出宫到长安感业寺削发为尼，武则天也一样到感业寺当了尼姑。

654 年，武则天重又进宫，被高宗封为昭仪。她先利用王皇后打击了萧淑妃，然后又趁王皇后来探望的机会，残忍地掐死亲生女儿，嫁祸王皇后。大唐永徽六年（655），被蒙在鼓里的高宗废王皇后和萧淑妃为庶人，册立武则天为皇后。

武则天利用高宗的懦弱无能，逐渐干预朝政，确立自己的威信，很快她的权势就凌驾于高宗之上。660 年，高宗正式委托武后授理朝政，从此武则天独掌大权，在宫中与高宗并称"二圣"。弘道元年（683），高宗病逝，太子李显即位，是为中宗。然而，武则天只让李显做了 54 天的皇帝就将他废黜为庐陵王，软禁在宫外。又立李旦为帝，是为睿宗，但睿宗是个十足的傀儡皇帝。

690 年，武则天踢掉傀儡皇帝李旦，自立为帝，上尊号为"圣神皇帝"，改国号为周，改元天授。

从大唐永徽六年（655）被立为皇后到神龙元年（705）中宗复位，武则天前后执政达 50 年之久，充分展示了她不凡的魄力和出色的政治才能。

神龙元年（705），五王在宰相张柬之的带领下发动宫廷政变，率领禁军入宫，逼迫武则天退位，还政中宗。是年1月，武则天病逝，遗诏"祔庙，归陵，令去帝号，称则天大圣皇后"。中国历史上唯一一位女皇帝，叱咤政坛几十年后，终于又回归女人，继续享受李氏子孙的香火。

名相狄仁杰

狄仁杰，字怀英，生于唐贞观四年（630），卒于武则天久视元年（700），唐代并州太原（今山西太原）人。武则天时期宰相，杰出的封建政治家。应试明经科（唐代科举制度中科目之一），从而步入仕途。从政后，经历了唐高宗与武则天两个时代。初任并州都督府法曹，转大理丞，改任侍御史，历任宁州、豫州刺史、地官侍郎等职。狄仁杰为官，如老子所言"圣人无常心，以百姓心为心"，为了拯救无辜，敢于拂逆君主之意，始终保持体恤百姓、不畏权势的本色，始终是居庙堂之上，以民为忧，后人称之为"唐室砥柱"。他任掌管刑法的大理丞，到任一年，便处理了前任遗留下来的17000多件案子，其中没有一人再上诉申冤，其处事公正可见一斑，后人据此编出了许多精彩的传奇故事，连荷兰也有人以此为题材，编了一本《大唐狄仁杰断案传奇》。

文成公主入藏

7世纪上半叶，青藏高原上崛起了一个强盛的吐蕃政权，在赞普（国王）松赞干布的统治下，国力强盛。松赞干布渴慕唐风，希望能和大唐和亲，三次遣使入唐进贡请婚。贞观十四年（640），唐太宗感其诚意，让宗师女文成公主出嫁吐蕃。次年初，文成公主在礼部尚书江夏王李道宗的护送下，前往吐蕃。松赞干布在吐蕃边境柏海（今札陵湖）迎接文成公主入藏，为示友好，松赞干布特按唐朝礼仪举行了迎亲仪式，与李道宗相见时执子婿之礼，以示敬意。

文成公主入藏带去了大量技工、书籍、种子等，把先进的唐文化传入吐蕃，促进了西藏地区的经济文化的发展，为汉藏关系的友好发展作出了不可磨灭的贡献。

魏征直言敢谏

　　魏征出身于书香门第，从小就酷爱读书。但由于父亲去世较早，魏征青少年时期生活十分清贫。然而，生活的窘困并没有将魏征压倒。他更加地勤奋好学，很快就成为当地颇负盛名的文人。

　　隋朝末年，各地农民纷纷起义，天下大乱，其中声势最大的是李密领导的瓦岗农民起义，魏征掌管文书。李密失败后，于唐高祖武德元年（618）投降唐朝。后太子李建成欣赏魏征的才华，招他做太子洗马。魏征对太子的知遇之恩感激不尽，从此对李建成忠心耿耿。

　　在太子与秦王的政治角逐中，魏征一直为李建成出谋划策，算计李世民。他早就在暗中劝太子李建成要早做准备，以免事出不备，但李建成一直犹豫不决，未做果断的决定，致使秦王李世民的力量越来越壮大。终于在武德九年（626），先发制人，发动了著名的"玄武门事变"，诛杀了太子李建成和弟弟李元吉。

　　玄武门之变后，秦王李世民稳坐了太子宝座，他将魏征叫到跟前，责问他说："你一个臣子，竟然挑拨我们兄弟间互相争斗，到底什么用心？"魏征从容答道："如果太子早听我的话，也不会落得今天的下场。人各为其主，我也不过是忠于我的主人，这也有错吗？"李世民听后，不但没有责罚他，反而对他的应对如流非常赏识，更对他的敢于直言佩服有加，因而，不计前嫌，任命他为詹事主簿，掌管文书。两个月后，李渊退位，李世民登基，又将魏征提升为谏议大夫，专门负责给皇帝提意见。

　　魏征勇于犯颜进谏，不计个人安危，匡正唐太宗政治上的不少失误，使本来还对他存有戒心的唐太宗逐渐认识到了魏征的可贵。

　　贞观十七年（643），魏征病逝，唐太宗伤心欲绝，他感叹地对朝臣说："以铜为镜，可以正衣冠；以古为镜，可以知兴替；以人为镜，可以明得失。朕持此三镜，以防己过。今魏征殂逝，遂亡一镜矣！"

　　魏征一生，"上不负时主，下不阿权贵，中不侍亲戚，外不为朋党，不以逢时改节，不以图位卖忠"。其思想和行为，千百年来，一直被奉为封建政治家的典范和规范，传为千古美谈。

唐朝的科举制度

科举制度在隋朝兴起和发展，到了唐朝得到了进一步的巩固与完善，考试科目有常科、制科之分。每年举行的科举叫常科，皇帝临时下诏举行的称制科。

常科的考生有两种人。一种是生徒。生徒出自于从中央的国子监弘文馆到地方州县学的学生。另一种叫乡贡，这些人自学成才"投牒自举"，经考试合格后可参加常科考试。常科考试科目有秀才、明经、俊士、进士、明法、明字、明算、一史、三史、开元礼、道举、童子等十多种，其中最为重要是明经、进士两科。时人有"缙绅虽位极人臣，不由进士终不为美"的感叹。但这时的进士和后来经殿试而成的进士并不相同，程度也不同。唐睿宗载初元年（689）二月"策问贡人于洛城殿，数日方了"。这是殿试的最初记载。但这时的殿试只是偶或为之，并未形成制度。

常科考试后，考中的人称"进士及第"，时人称之为"登龙门"。这时为了庆祝考试圆满，会举行曲江会、杏园宴、雁塔题名等活动，达官贵人，甚至皇帝也会来"登紫云楼垂帘观看"，非常热闹。

制科是皇帝亲自主持的考试，参加的人可以是在职官员、常科第的人，也可以是庶民百姓。和常科出身的人相比，制科出身的人"名望虽高，犹居进士之下"，被称之为"杂色"。"糊名制"最早出现在制科考试中。常科、制科之外还有武举，但一般不受重视。

均田制

武德七年（624），为了使社会经济得到恢复，唐朝大规模实施均田制。

均田制度是北魏太和九年（485）建立的土地制度，隋朝沿袭下来。隋末唐初，由于连年征战，造成大量土地荒芜，全国不足 300 万户，促使唐政府实行均田制度。均田制规定，丁男及中男受田百亩，其中 20 亩为永业田，可传子孙；80 亩为口分田，死后还官。老男、残疾者授田 40 亩；寡妻妾授田 30 亩，若为户主者再增 20 亩永业田。凡道士、和尚给田 30 亩，冠、尼 20 亩。官户受田等于良丁之半，工商业者和官户相同。有封爵贵族和五品以上官吏可授永业田 500～1000 亩。因战功受勋者，按勋级授田 600～3000 亩。各级官吏有职分田 2 顷至 12 顷，以为薪俸。各级官府有公廨田 1 顷至 26 顷，以为办公费。授田有宽、狭乡之别，狭乡口分田额减宽乡之半。唐均田令与前代相比，取消了奴婢、普通妇女授田，农户授田额有所降低，受田对象广泛；对土地买卖的限制不是那么严格了。均田制的实施取得了开垦荒地、增加户口、稳定兵源等效果，使唐初的经济得到了快速的恢复和发展。

节度使

唐太宗、高宗之际，唐对周边各族主动出兵，一则力图解决边患，一则为了开疆拓土。由于疆界不固定，战事十分频繁，很少有固定的驻防军镇。自从西突厥被打败以后，疆界基本上固定下来，如此一来，防御线大大拉长，再调兵遣将东征西讨已经很不方便了，而且原有的镇、戍亦不足应付新的备御形势，需要有经常性的军事设置，因而就形成了军区。行军大总管及都督就发展成了这种军区的固定长官节度使。睿宗景云二年（711）贺拔延嗣任凉州都督，充河西节度使，至此就有了节度使的称号。玄宗开元、天宝之际，缘边陆续设置了安西、北庭、河东、河西、朔方、范阳、平卢、陇右、剑南节度使和岭南五府经略使。节度使官署称为使府、幕府。幕职有节度副使等文职和都知兵马使等武职，总辖区内的军、政、财大权，辖区内州县归其统属。安史之乱中，内地也设置节度使，形成藩镇林立的局面。一些强藩，拥兵自大，父死子袭，成为割据势力，如河北、山东等镇。其他节度使也与朝廷保持若即若离的状态。唐末农民起义爆发后，节度使势力进一步膨胀，中央政府不仅丧失了对藩镇的控制能力，还往往受其挟制。各藩镇不断发生战争，演成北方五个朝代更迭、南方九国（北汉除外）政权纷立的分裂割据局面。北宋初，节度使成为荣誉之职。

安史之乱

开元后期，由于安定繁荣的日子已久，唐玄宗逐渐丧失了以前那种励精图治的精神。改元天宝后，他纵情享乐，宠爱杨贵妃，信任宦官高力士，把朝政全交给宰相李林甫处理。李林甫死后，杨贵妃的堂兄杨国忠继任宰相，更是排斥异己，贪污受贿，使政治日益败坏。加上当时土地兼并剧烈，贫富悬殊严重，政治、经济、社会渐呈衰败之象。

安禄山本是混血胡人，貌似忠诚，生性狡诈；由于得到玄宗和杨贵妃的欢心，身兼范阳、河东、平卢三镇节度使。安禄山见唐室政治腐败，武备废弛，便于755年，以讨杨国忠为名，自范阳率兵南下，很快就攻占了洛阳，自称大燕皇帝。第二年，唐军在潼关溃败，安禄山便长驱直入长安。唐玄宗匆忙南逃，走到马嵬驿（今陕西兴平），随行的将士在愤怒中杀死了杨国忠，又逼使玄宗绞杀杨贵妃，才肯继续起行，南下至四川。同时，太子李亨逃往灵武（今宁夏境内），在郭子仪、李光弼等一班西北将领的支持下，即皇帝位，是为唐肃宗。

后来叛军内部发生分裂，安禄山为儿子庆绪所杀。唐军联同回纥援兵乘机反攻，收复了长安和洛阳。不久安禄山部将史思明杀安庆绪，重新攻陷洛阳，也称大燕皇帝，后又被儿子朝义杀害。于是唐朝再借回纥兵，收复洛阳，史朝义自杀，这场持续了八年的"安史之乱"才告结束。

黄巢起义

780年，由于均田制瓦解，唐以两税法代替租庸调制，征收户税和地税，地税按亩收谷，户税按户等高低征钱。由于税额不断增加，农民负担也越来越重。统治者还巧立名目，横征暴敛。苛捐杂税中对人民影响最大的是盐税。玄宗开元时，斗盐10文钱，而至788年猛增到370文。百姓无力买昂贵的官盐，只能吃价廉的私盐。对贩私盐的人，政府将进行残酷镇压。盐贩以武装对抗。盐贩武装后来成为唐末农民起义的重要组成部分。

唐朝后期，北方一带连年水旱灾害。关东地区几乎颗粒无收，政府不但不体恤百姓，反而派人催交赋税，广大人民几乎被逼上了绝境。875年，濮州（今河南范县）人王仙芝领导数千人在长垣（今河南长垣）起义；黄巢在家乡带领数千人响应，唐末农民大起义爆发了。

黄巢是曹州冤句（今山东菏泽县）人，与王仙芝同贩私盐，他们很快会合在一起，各地农民纷纷揭竿而起。878年，王仙芝战死。黄巢被义军共推为王，称"冲天太保均平大将军"。黄巢挥军渡江，转战江南。然后又挥师北伐，途中不断有农民加入，起义军很快就发展到60万之众。880年12月，起义军攻占长安。黄巢称帝，正式建立农民政权，国号大齐，以金统年号。大齐以朱温等为大将，尚让等为宰相，留任唐朝四品以下官员，安定社会秩序，打击顽抗之敌。严厉禁止滥杀无辜，但严厉镇压了一大批大官僚、大贵族。

然而可惜的是，起义军没有乘胜追歼唐军。唐僖宗逃往成都后，纠集残部和藩镇兵力卷土重来，包围了长安。882年，朱温叛变，投降唐朝，僖宗赐名"全忠"，起义军受到很大损失。883年，唐为了有力镇压起义军，于是便请沙陀贵族李克用领4万强悍军队协助，唐王朝力量大增。黄巢带15万义军撤出长安。其后尚让等将领又投降唐军。884年，黄巢在泰山狼虎谷的襄王村（今山东莱芜境内）战败自刎而死。历时10年的黄巢大起义最终失败。

药王孙思邈

孙思邈生于541年，卒于682年。他通晓诸子百家，博涉经史学术，兼通佛典。

由于幼年多病，18岁立志学医，20岁即为乡邻治病。他对古典医学有深刻的研究，对民间验方十分重视，一生致力于医学临床研究，对内、外、妇、儿、五官、针灸各科都很精通，有24项成果开创了我国医药学史上的先河，特别是论述医德思想、倡导妇科、儿科、针灸穴位等都是先人未有。他一生致力于药物研究，曾上峨眉山、终南山，下江州，隐居太白山等地，边行医、边采集中药、边临床试验，他是继张仲景之后中国第一个全面系统研究中医药的先驱者，被后人誉为"药王"，为祖国的中医发展建树了不可磨灭的功德。

孙思邈一生勤于著书，晚年还隐居于陕西耀县五台山（药王山）专心立著，直至自首之年，未尝释卷。他一生著书80多种，其中以《千金要方》《千金翼方》影响最大，两部巨著60卷，药方论6500个。《千金要方》和《千金翼方》合称为《千金方》，它是唐代以前医药学成就的系统总结，被誉为我国最早的一部临床医学百科全书，对后世医学的发展影响很深远。

唐三彩

唐代是中国封建社会的鼎盛时期，经济上繁荣兴盛，文化艺术上群芳争艳，三彩釉陶始于南北朝而盛于唐朝，它以造型生动逼真、色泽艳丽和富有生活气息而著称，因为常用三种基本色，又在唐代形成特点，所以被后人称为"唐三彩"。唐三彩主要分布在长安和洛阳两地，在长安的称西窑，在洛阳的则称东窑。种类很多，有人物、动物、碗盘、水器、酒器、文具、家具、房屋，甚至装骨灰的壶坛等等。大致上较为人喜爱的是马俑，有的扬足飞奔，有的徘徊伫立，有的引颈嘶鸣，均表现出栩栩如生的各种姿态。至于人物造型有妇女、文官、武将、胡俑、天王，根据人物的社会地位和等级，刻画出不同的性格和特征：贵妇面部丰圆，梳成各式发髻，穿着色彩鲜艳的服装，文官彬彬有礼，武士刚烈勇猛，胡俑高鼻深目，天王怒目威武、雄壮气概，足为我国古代雕塑的典范精品！

唐　诗

唐代（618～907）是中国古典诗歌发展的全盛时期。唐诗是中国优秀的文学遗产之一，也是全世界文学宝库中的一颗璀璨的明珠。尽管离现在已有1000多年了，但许多诗篇还是广为流传。

唐朝初期的初唐四杰：王勃、杨炯、卢照邻、骆宾王，代表作有《送杜少府之任蜀州》《从军行》，陈子昂的《登幽州台歌》等。盛唐时期的边塞诗派：高适、岑参、李颀、王昌龄、崔颢、王之涣。田园诗人王维、孟浩然等。标志着盛唐诗歌最高成就的，是李白和杜甫，李白是伟大的浪漫主义诗人，杜甫是伟大的现实主义诗人，他们的创作不仅是唐代诗歌的高峰，也是中国古典诗歌的高峰。李白现存诗900多首，内容丰富多彩。中唐时期的白居易，晚唐时期的代表李商隐和杜牧等等，都给我们留下诸多脍炙人口的好诗。

第十四章　乱世纷争　五代十国

　　五代十国（907～979年），一般是指介于唐末宋初的这一段历史时期。黄巢起义后，唐朝名存实亡，形成了藩镇割据的局面。907年，朱温建立后梁，历史进入五代十国时期；960年，赵匡胤取代后周建立北宋；979年灭北汉，自此基本结束了自晚唐以来的分裂割据局面。五代是指后梁、后唐、后晋、后汉、后周五个次第更迭的中原政权；十国是指前蜀、后蜀、吴、南唐、吴越、闽、楚、南汉、南平（荆南）、北汉等十几个割据政权，十国乃称其"大"者，实际上还有不少割据政权。关于五代十国的理解，狭义上为五代十国本身，广义上一般以此代指这一历史时期。

南唐后主李煜

　　李煜，五代十国时南唐国君，961～975年在位，字重光，初名从嘉，号钟隐、莲峰居士。彭城（今江苏徐州）人。南唐元宗李璟第六子，于宋建隆二年（961年）继位，史称李后主。开宝八年，宋军破南唐都城，李煜降宋，被俘至汴京，封为右千牛卫上将军、违命侯。后因作感怀故国的名词《虞美人》而被宋太宗毒死。李煜虽不通政治，但其艺术才华却非凡。精书法，善绘画，通音律，诗和文均有一定造诣，尤以词的成就最高。千古杰作《虞美人》《浪淘沙》《乌夜啼》等词。在政治上失败的李煜，却在词坛上留下了不朽的篇章，被称为"千古词帝"。

"儿皇帝"石敬瑭

　　唐明宗在位的时候，他手下有两员大将，一个是他儿子李从珂，一个是他的女婿、河东节度使石敬瑭。两个人都骁勇善战，但又互不服气。到了李从珂做了后唐皇帝（就是唐末帝）以后，两人终于闹到公开破裂的地步。

李从珂派了几万人马攻打石敬瑭所在的晋阳城。石敬瑭抵挡不了，晋阳十分危急。有个谋士桑维翰给他出个主意，要他向契丹人讨救兵。

那时候，耶律阿保机已经死去，他的儿子耶律德光接替了契丹国主的位子。桑维翰帮石敬瑭起草了一封求救信给耶律德光，表示愿意拜契丹国主做父亲，并且答应在打退唐军之后，把雁门关以北的燕云十六州（又称幽云十六州，指幽州、云州等十六个州，都在今河北、山西两省北部）土地献给契丹。

石敬瑭的投降活动遭到他的部将的反对。部将刘知远说："您向契丹求救，称臣还说得过去，拜他做父亲未免过分；再说，答应给他们一些金银财宝还不要紧，不该割让土地。"

石敬瑭一心想保住自己的利益，哪儿肯听刘知远的劝阻，急急忙忙派桑维翰带了这些卖国条件去见耶律德光。

耶律德光本来想向南扩张土地，听到石敬瑭提出这样优厚的条件，真是喜出望外，立刻派出五万精锐骑兵去救晋阳。

石敬瑭从晋阳城出兵夹击，把唐军打得大败。

耶律德光来到晋阳，石敬瑭亲自出城迎接，卑躬屈膝地把比他小十岁的耶律德光称做父亲，还请教契丹兵为什么这样快就能打败唐军。耶律德光得意扬扬地吹了一通，石敬瑭马上表示十分钦佩，捧得耶律德光满心欢喜。

耶律德光经过一番观察，觉得石敬瑭的确是死心塌地投靠他，就对石敬瑭说："我奔波三千里，来救你们，总算有个收获。我看你的外貌和气度，够得上做个中原的主人，我就封你做皇帝吧！"

石敬瑭还假惺惺推辞，经部下一劝说，就高兴地接受了。契丹国主正式宣布石敬瑭为皇帝。石敬瑭称帝后，立刻按照原来答应的条件，把燕云十六州割让给契丹。

石敬瑭依靠契丹的支持，带兵南下攻打洛阳。唐末帝李从珂接连打了几次败仗，被契丹的声势吓破了胆，意志消沉，成天边喝酒边哭泣，等待灭亡，哪儿还有反抗的勇气。石敬瑭的兵还没进洛阳，唐末帝已经在宫里烧起一把火，带着一家老少投在火里自杀了。

石敬瑭攻下洛阳，灭了后梁，正式做了中原的皇帝，国号叫晋，建都汴。这就是后晋高祖。石敬瑭对契丹国主耶律德光感恩戴德，向契丹上奏章，把契丹国主称做"父皇帝"，自己称"儿皇帝"。除了每年向契丹进贡帛三十万匹外，逢年过节，还派使者向契丹国主、太后、贵族大臣送礼。那些人一不满意，就派人责备石敬瑭，石敬瑭总是恭恭敬敬，赔礼请罪。晋朝使者到了契丹，契丹官员傲气十足，说了许多侮辱性的话。使者受了气，回到汴京，把这些事传了开去。朝廷上下都觉得丢脸，只有石敬瑭毫不在乎。

石敬瑭靠契丹的保护，做了七年可耻的儿皇帝，病死了。他的侄儿石重贵即位，就是晋出帝。晋出帝向契丹国主上奏章的时候，自称孙儿，不称臣。耶律德光就认为对他不敬，带兵进犯。

契丹两次进犯中原，在晋朝军民的奋力抵抗下，遭到惨重失败。但是到了最后，由于奸臣的出卖，契丹兵打进汴京，晋出帝当了俘虏，被押送到契丹。后晋就灭亡了。

公元947年，耶律德光进了汴京，自称大辽皇帝（这一年契丹改国号为辽）。京城百姓听到辽兵进城，纷纷逃难。辽主耶律德光登上城楼，派人用汉语宣布说："大家别怕，我也是人嘛。我本来并不想来，是汉人引我们进来的。我一定会让你们的生活过得更好些。"

话虽然这样说，但是做的又是一套。他纵容辽兵以牧马为名，到处抢劫财物，叫做"打草谷"，闹得汴京、洛阳附近几百里地方，成了没有人烟的"白地"。他又命令晋国官员搜刮钱帛，不论官员百姓，都要献出钱帛"劳军"。

中原的百姓受不了辽兵的残杀抢掠，纷纷组织义军，反抗辽兵。少的几千，多的几万。他们攻打州县，杀死辽国派出的官员。东方的起义军声势浩大，攻下了三个州。耶律德光害怕了，跟左右侍从说："想不到中原人这样不容易对付。"过了一段时期，他把晋朝官员召集起来，宣布说："天气热了，我在这里住不惯，要回到上国（指辽国）去看望太后了。"

辽兵被迫退出中原。但是，被石敬瑭出卖的燕云十六州仍旧被契丹贵族占领，成为后来他们进攻中原的基地。

第十五章　治隆大宋　极盛而衰

陈桥兵变

"陈桥兵变"是赵匡胤发动的夺取后周政权的军事政变。后周世宗柴荣死后，年仅 7 岁的周恭帝继位，无法管理政事，国家政局开始动荡不安。赵匡胤任殿前都点检，即后周二禁军统帅，掌握着后周的军事大权。960 年春，他令人谎报北汉和辽会师夹攻，并奉命带兵北上。大军行至开封东北的陈桥驿，在赵匡胤之弟赵匡义和谋士赵普的共同策划下，授意将士将黄袍强加于赵匡胤身上，欢呼万岁，拥立他为皇帝。正月初四，赵匡胤回师京城，部下强迫周恭帝禅位，赵匡胤轻易地夺取了后周政权，改国号为宋，建立了赵宋王朝。

杯酒释兵权

"杯酒释兵权"是宋太祖赵匡胤为加强中央集权而在军事上采取的一个重要措施。富有政治斗争经验的赵匡胤非常清楚，自五代以来，朝代的更替基本上是随着军权的得失而转移，为了防止"陈桥兵变""黄袍加身"之类的事件重演，他就必须设法解除高级将领的兵权。

赵匡胤在即位第二年（961）的秋天，在宫中专门宴请石守信等高级将领，劝他们不如多积金帛，独自享乐，放弃兵权，到地方上广置良田美宅，自己既可以享乐一生，又可以使君臣相安。这些将领们明白了赵匡胤此举的目的，于是纷纷上表称病，请求解除自己的兵权。太祖欣然同意，罢免了他们的军职。不久，宋太祖以同样的方法罢免了各藩镇的节度使。这样，禁军与藩镇的兵权都集中到了赵匡胤手里。

赵匡胤

927 年，赵匡胤出生在今河北涿县的一个官宦世家。祖父赵敬，历任营、蓟、涿三州刺史；父亲赵弘殷任后唐铁骑第一军指挥使。

949年，22岁的赵匡胤离开家，投到枢密使郭威手下任职，开始了他的戎马生涯。959年正月，后周世宗柴荣去世，年仅7岁的太子柴宗训继位。小皇上没有政治威信，更无法掌控局势。于是，赵匡胤抓住时机，与赵普、石守信等策划了"陈桥兵变"。

960年正月，北汉联合契丹，即辽，共同南犯。赵匡胤奉命抵抗。军队驻扎在距汴京北20里的陈桥，赵匡胤的手下在这里发动了"陈桥兵变"，赵匡胤顺利夺取了皇权，改国号为宋，史称北宋，赵匡胤即宋太祖。

赵匡胤深知自己得天下靠的是"陈桥兵变"，因此，他害怕黄袍加身的故事会再次上演。于是，在一次宴会上，宋太祖利用巧计，使大将主动交出手中的兵权，历史上将此次事件称为"杯酒释兵权"。之后，他还将禁军中的统兵权与发兵权相分离，将大权完全控制在皇帝手中。他又削弱宰相的行政权、兵权和财政权，国内政权稳固之后，宋太祖就开始着眼整个中国。他针对北强南弱的特点，为避免与强大的辽国争雄，与宰相赵普商议，采用"先南后北"的战略。

宋太祖统一天下，不仅靠武力，更靠攻心。无论是对百姓还是对敌人，都是一样仁爱。他每次领兵打仗，都再三叮咛要安民而不要掳掠，反对滥杀无辜，安定和统一是他战争唯一的目的。宋太祖的宽仁厚爱，使他赢得了百姓和一大批义士的拥护，为他统一全国创造了良好的"人和"条件。

976年，宋太祖于万岁殿暴死，其死因至今不明。

澶渊之盟

北宋前期，辽的力量逐渐强大。辽军常到黄河流域扰乱或掳掠。景德元年（1004）闰九月，辽军对宋朝采取了大规模的军事行动。萧太后率20万大军，以迅雷不及掩耳之势到达澶州北城（今河南濮阳），矛头直指北宋都城东京（今河南开封）。当时东京与澶州仅一河之隔，情势非常危急，朝廷上下手足无措。宰相寇准极力劝说真宗御驾亲征。十一月，宋真宗来到澶州城，极大地鼓舞了宋军的士气，他们把几千个前来攻城的辽兵杀得落花流水。在随后的战斗中，他们又射死了辽军先锋萧挞览，狠狠打击了辽军嚣张的气焰。辽军士气低落，寇准力主乘势进军，收复失地。但宋真宗不敢与辽军决战，于是宋辽进行议和。宋真宗派曹利用赴辽营谈判，条件是不准割地，岁币（北宋政府每年给辽、西夏的钱财等物）"百万之下皆可许"。寇准觉得岁币数太多，就对曹利用说："不得过30万，过30万，我斩了你。"谈判最终达成协议：辽国皇帝称宋朝皇帝为兄；宋每年向辽进贡20万匹绸缎和10万两银子；双方各守现有疆界，不得相互侵犯，并互不接纳和藏匿越界入境之人。随后，辽军将军队撤了回去后，宋真宗也班师回京。

宋真宗不顾爱国将领的反对，为了一时的苟安，屈服投降，签订了协议。这就是历史上的"澶渊之盟"。

寇准抗辽

寇准（961～1023），北宋政治家，字平仲，华州下（今陕西渭南东北）人。19岁登进士第，当了一个时期地方官后即被召入朝任职，以其政治才能深得宋太宗赵炅器重，后因刚直不阿，被排斥出朝廷。宋真宗赵恒即位后，召寇准回朝。景德元年（1004），任同中书门下平章事。其年冬，辽承天皇太后和辽圣宗耶律隆绪率大军入侵宋境，直趋黄河沿岸的澶州（今河南濮阳）。宋廷大臣王钦若等多主张迁都以避敌锋，唯寇准力排众议，极力促成宋真宗亲临澶州前线抗击，宋军士气为之一振，促使辽圣宗决意同宋议和，订立和约后撤兵（见澶渊之盟）。后因受王钦若的挑拨，寇准逐渐失去宋真宗的信任，于景德三（1006）年罢相，到陕西等地任地方官。天禧三年（1019），因顺应宋真宗意旨，奏言天书下降，再度被起用为宰相，不久罢为太子太傅，封于莱，故世称寇莱公。后遭副相丁谓诬陷，被一再贬逐，直至雷州（今广东海康）司户。后死于贬所。

庆历新政

庆历三年（1043），范仲淹升任为参知政事（副宰相），调回京都，与枢密副使富弼、韩琦等人一起主持朝政。当时，北宋王朝的统治已经面临着严重的危机，积贫积弱的现象也越来越明显。管理层内部黑暗腐败，且机构臃肿，效率低下；在军事上将帅分离，战斗力大减；百姓的赋税沉重，各地不断爆发农民起义；同时，国家财政入不敷出，一些少数民族乘虚而入。国家内忧外患，处境艰难。宋仁宗心急如焚，多次召见范仲淹等人，希望以改革扭转国家的危局。范仲淹总结了从政28年的经验教训和酝酿已久的改革思想，针对当时"官壅于下，民困于外，夷敌（指辽夏）骄盛，寇盗（指农民起义）横炽"的现象，向宋仁宗呈上著名的新政纲领《答手诏条陈十事》，主张"明黜陟、抑侥幸、精贡举、择长官、均公田、厚农桑、修武备、推恩信、重命令、轻徭役"。以整顿吏治、选拔贤能、发展生产、巩固国防等措施缓和社会矛盾，稳定阶级统治。宋仁宗十分赞同，于是，命范仲淹主持了北宋历史上轰动一时的"庆历新政"。

在范仲淹的严格考核下，大批冗官滥吏被革职除名，同时，提拔起用了大批精明能干的官员，官府办事效能大大提高，北宋政权开始有了起色，新政大受称赞。但同时，范仲淹的改革措施也限制了大官僚和大地主的既得利益，引起了他们的强烈不满。于是，这些人集结在一起，掀起了一大股反对新政的浪潮。这使宋仁宗不免有些恐慌，对执行新政的决心发生了动摇。庆历四年（1044），宋仁宗下诏废止改革，解除范仲淹的职务，并将他贬至邓州（今河南邓县），富弼、欧阳修等主张革新的人士也都相继被逐出京城。仅持续了一年零四个月的新政随之宣告失败。

王安石变法

1068年，年轻有为的神宗即位，决心要开创一个全新的局面。而此时的北宋，阶级矛盾、社会矛盾都越来越尖锐，少数民族的政权也逐步加强了攻势，封建统治岌岌可危，变法势在必行。神宗对王安石的变法主张早有耳闻，于是，熙宁二年（1069），神宗将王安石从江宁调回京都，并提升为参知政事（副宰相），熙宁三年（1070）又将其提升为同中书门下平章事（正相），主持变法事宜。

王安石看到国家内忧外患，社会矛盾重重，大胆提出"天变不足畏，祖法不足法，人言不足恤"的口号，引起了当时包括司马光在内的保守派的猛烈抨击。他们崇尚"祖宗之法不可变"，认为王安石的思想主张是大逆不道。王安石据理力争，与反对派进行了一场针锋相对的辩论，最终赢得了神宗的支持，开始了持续16年之久的变法运动。

为了富国强兵，为了国家长治久安，王安石的变法始终围绕着"理财"和"整军"两大主题。理财富国方面主要推行了青苗法、均输法、农田水利法、募役法、市易法、方田均税法等，一方面限制了豪强的高利贷盘剥和大商人操纵和控制市场的局面，一方面使得农民能够专心生产，大大增加了国家的收入；整军强兵上主要是将兵法、保甲法、保马法，使军队的战斗力得到了很大的提高，在很大程度上加强了北宋的边防力量。

王安石的一系列变法措施收到了很好的成效，到元丰年间，不仅改变了原来积贫积弱的现象，还使得府库充盈。而在军事防御上，在熙宁年间就收复了唐朝中期以后就失守的旧疆域，使2000多里的领土重新回归中国。

尽管王安石的变法于国于民都受益匪浅，但却触动了一大批官僚、地主的既得利益，引起了他们的强烈反对，连两宫太后都与反对派结成同盟，共同反对变法。如此强大的压力，让神宗有些犹豫。一天，他问王安石说："有人说我们不怕天变，不听舆论，不守祖规。你看该怎么办呢？"王安石坦然道："圣上用心打理朝政，就是防止天变；圣上早已征询意见，就是照顾舆论；至于祖规，本就应顺应时代。"但神宗依旧犹豫不决，再加上熙宁七年（1074），河北闹大旱，反对派势力硬说是王安石把天下搞乱了，使得新政迭遭阻碍，困难重重。王安石气愤之余，上书辞职。次年，神宗又召王安石回京当宰相，但没几个月，天上出现了彗星，又被反对派说成是不吉利的预兆，趁机攻击新法。1076年，王安石再次奏请告老还乡，回江宁府。

1086年，神宗去世，不满10岁的哲宗即位，以高太后为首的保守派得势。新法在不到一年内几乎全部废除，变法宣告失败。同年，王安石也在无限的忧愤中与世长辞，黄泉冥道唯叹息而已。

司马光与《资治通鉴》

司马光出生在一个官僚地主家庭，其父司马池曾官至天章阁待制。司马光从小家教很严。

20岁时，司马光参加会试，中进士甲第，第二年被任命为华州判官，从此走上了仕途。后来，由于父母相继去世，便回家服丧。25岁时，再入仕途，任滑县县令。宋仁宗嘉祐二年（1058），38岁的司马光再次进京任职，不到3年的时间，就被提升为起居舍人、同知谏院，指正君臣的过错。

然而，这位博学多才的史学家却偏于保守。他曾于嘉祐七年（1062）七月向仁宗上书长达5000余言的《论财利疏》，以驳斥王安石的《上仁宗皇帝言事书》，并坚决反对变法，而只主张改良。1068年，年轻的神宗即位，渴望北宋能够国富兵强，还认为"天下弊事至多，不可不革"。因此，对王安石的主张极为赞赏，遂决定让王安石主持变法。

司马光感觉自己再在朝廷呆下去，也难有作为，于是于熙宁三年（1070）主动上书辞职，决定远离政事，专心著述。之后，司马光六任闲职，避居洛阳15年，集中精力组织人员编撰《资治通鉴》。

元丰七年（1084），《资治通鉴》撰写完成，全书上起战国，下至五代，共1362年，294卷，《目录》《考异》各30卷。司马光先写好提纲，然后由助手编撰材料，修成"长编"，最后由司马光定稿。从宋英宗治平二年开始，至宋神宗元丰七年成书（即1065～1084），前后历时达19年。

元丰八年（1086）闰二月，神宗病逝，10岁的哲宗登基，一向反对变法的太皇太后高氏垂帘听政，政治形势大变。在高太后的支持下，司马光保守偏颇的思想得以大肆施展，为相不到一年的时间，就将神宗时施行了16年的新法基本废除。

司马光将新法全盘否定，确实大有偏激之嫌。然而，一部史学巨著——《资治通鉴》又给他增添了无数光环。这是中国历史上第一部编年体通史，其中采用了大量的历史材料，又将原来史料中的盘根错节加以剔除，使读者能在较短的时间内对历史的风云变幻有一个比较系统的了解。

欧阳修

欧阳修（1007～1072），字永叔，号醉翁，晚号六一居士。吉州永丰（今属江西）人，自称庐陵（吉州原属庐陵郡）人。北宋时期政治家、文学家，唐宋八大家之一，卒谥"文忠"。有《欧阳文忠公集》传世。

欧阳修幼年丧父，在母亲的教导下读书。仁宗天圣八年（1030），中进士。次年任西京（今洛阳）留守推官，与梅尧臣、尹洙结为至交。庆历三年（1043），范仲淹、韩琦、富弼等人推行"庆历新政"，欧阳修也参与革新，提出了改革吏治、军事、贡举法等主张。庆历五年，范、韩、富等相继被贬，欧阳修也被贬为滁州（今安徽滁县）太守。至和元年（1054）八月，奉诏入京，与宋祁同修《新唐书》。嘉祐二年（1057）二月，主持进士考试，提倡平实的文风，录取了苏轼、苏辙、曾巩等人。嘉祐五年（1060），拜枢密副使。此后相继任参知政事、刑部尚书等职。英宗治平二年（1065），上表请求外任，未获批准。此后两三年间，多次请辞，都未获准。熙宁三年（1070），授检校太保宣徽南院使等职，坚持不受，改知蔡州（今河南汝南县）。同年，改号"六一居士"。熙宁四年（1071）六月，以太子少师致仕。居颍州（今属安徽省）。宋神宗熙宁五年（1072），在颍州家中辞世。

欧阳修是北宋诗文革新运动的领袖。他的文学成就以散文最高，影响也最大。另外，欧阳修的诗歌、赋也都很有特色，但成就均不及散文。著名的作品有：散文《朋党论》《新五代史·伶官传序》《与高司谏书》《醉翁亭记》《丰乐亭记》《泷冈阡表》《秋声赋》，诗歌《食糟民》《答杨子静祈雨长句》《奉答子华学士安抚江南见寄之作》等。

大文豪苏轼

苏轼是中国北宋文学家、书画家。字子瞻，号东坡居士。宋代眉州（今四川省眉山市）人。父苏洵、弟苏辙都是著名古文学家，世称"三苏"。

他的文学思想强调"有为而作"，崇尚自然，摆脱束缚，"出新意于法度之中，寄妙理于豪放之外"。他认为作文应达到"如行云流水，初无定质，但常行于所当行，常止于所不可不止。文理自然，姿态横生"（《答谢民师书》）的艺术境界。苏轼散文著述宏富，与韩愈、柳宗元和欧阳修三家并称。文章风格平易流畅，豪放自如。

苏轼与欧阳修并称"欧苏"，是"唐宋八大家"之一。苏轼是继欧阳修之后主持北宋文坛的领袖人物，在当时的作家中间享有巨大的声誉。一时与之交游或接受他的指导者甚多，黄庭坚、秦观、晁补之、张耒四人都曾得到他的培养、奖掖和荐拔，故称苏门四学士。

苏诗现存约 4000 首，其诗内容广阔，风格多样，而以豪放为主，笔力纵横，穷极变幻，具有浪漫主义色彩，为宋诗发展开辟了新的道路。

苏轼的词现存 340 多首，冲破了专写男女恋情和离愁别绪的狭窄题材，具有广阔的社会内容。苏轼在我国词史上占有特殊的地位。他将北宋诗文革新运动的精神，扩大到词的领域，扫除了晚唐五代以来的传统词风，开创了与婉约派并立的豪放词派，扩大了词的题材，丰富了词的意境，冲破了诗庄词媚的界限，对词的革新和发展作出了重大贡献。

苏轼还擅长行、楷书，与黄庭坚、米芾、蔡襄并称"宋四家"。他曾遍学晋、唐、五代名家，得力于王僧虔、李邕、徐浩、颜真卿、杨凝式，而自成一家。

李纲守东京

金太宗灭了辽朝之后，找借口进攻北宋，攻打燕京。前线告急，金太宗又派出使者到东京，胁迫北宋割地称臣。满朝文武大臣不知所措，只有太常少卿（掌管礼乐和祭祀的官）李纲坚决主张抗金。此时，宋将郭药师投降，献出燕京，并做向导，领兵南下，直取东京。

宋徽宗看到形势危险，只带着 2 万亲兵逃出东京，到亳州避难。

钦宗即位后，把李纲升为兵部侍郎，并且下诏亲自讨伐金兵。但口是心非，随着前线接连败仗，东京吃紧，宰相白时中、李邦彦劝钦宗逃跑，钦宗同意。李纲这时力阻，并与宰相驳斥，随后提出许多防守措施，并要钦宗团结军民。随着稳住钦宗，积极备防，共同坚守，组织反攻。

不日，金兵攻至东京城下。李纲招募敢死队 2000 人，在城下列队防守。并抵挡金兵多次攻击，歼敌无数。金主宗望眼看东京城防坚固，一时攻不下，就一面派人与宋讲和，一面攻城。但钦宗一味求和，李纲虽英勇坚守，在对自己极其有利的情况下，却被钦宗浪费战果，最终议和，功亏一篑。

靖康之变

宋徽宗时期，原本居住在黑龙江流域的女真族开始兴起。1115 年，女真族首领完颜阿骨打称帝，建立了金国。当时，宋朝北方的辽国已江河日下，逐渐走向了衰落，宋朝乘机联合金国攻辽。但是，宋朝长期实行"重文抑武"的国策，所以在宋、金联合击辽的过程中，主要依靠金军强有力的作战能力获得胜利，而宋朝的军队则显得缺乏战斗力。因此，1126 年，金国灭辽后，便决定向宋朝发动大规模的进攻。强大的金国军队很快打到了宋朝京城开封。宋徽宗对此非常恐慌，赶忙退位，让太子赵桓继位，自己则逃到南方的镇江去了。宋钦宗即位，年号"靖康"。抗战派李纲主持开封事务，得到军民的支持，士气一时十分旺盛，金兵败退。

金兵北撤后，宋朝统治者以为万事大吉，又过起了醉生梦死的生活。金军在经过一个夏天的休整后，再次南侵。这时，控制朝政的是主和派，他们根本不组织力量进行抵抗，一心只想求和。没过多久，开封陷落，宋徽宗与宋钦宗皆被俘。靖康二年（1127）正月，金军将徽、钦二帝和后妃、皇宗贵戚等 3000 人全都带往北方。当时的开封城中几乎被席卷一空，北宋王朝也从此灭亡。这就是历史上的"靖康之变"。

交 子

宋真宗时期，在四川出现了代替金属货币的纸币，这种纸币称为"交子"。它不仅是中国最早的纸币，也是世界上最早的纸币。

自唐中期以后，四川的商业有了较快的发展，北宋初期，在四川成都地区仍流行铁钱。铁钱有大、小两种，大铁钱每贯重20多斤，小铁钱每贯也有6斤多，携带起来极不方便，影响了商业发展。宋真宗时，在政府的许可下，成都16家富户共同印制纸制的"交子"，代替铁钱在市场上流通，作为现钱使用，使用交子的人可以向交子铺兑换现钱。后来，交子改为官办，流行渐广。

岳飞抗金

岳飞（1103～1142），抗金名将。著名军事家，字鹏举，谥武穆，后改谥忠武，河北西路相州汤阴县永和乡孝悌里（今河南省安阳市汤阴县城东30里的菜园镇程岗村）人。

岳飞20岁投军抗金。绍兴十一年（1141）十二月二十九日，秦桧以"莫须有"（或许有）的罪名将岳飞治罪，在临安大理寺狱中被狱卒拉肋（猛击胸肋）而死。乾道五年（1170），宋孝宗诏复飞官，以礼改葬，建庙于鄂。六年，赐岳飞庙曰忠烈。淳熙六年（1180），谥武穆。嘉泰四年（1205），宋宁宗追封高宗的抗金诸将为七王，岳飞封为鄂王。岳飞留有《岳武穆集》（又称《武穆遗书》）。

岳飞其尽忠报国的精神深受中国各族人民的敬佩。其在出师北伐、壮志未酬的悲愤心情下写的千古绝唱《满江红》（怒发冲冠，凭栏处，潇潇雨歇。抬望眼，仰天长啸，壮怀激烈。三十功名尘与土，八千里路云和月。莫等闲，白了少年头，空悲切。靖康耻，犹未雪；臣子恨，何时灭！驾长车，踏破贺兰山缺。壮志饥餐胡虏肉，笑谈渴饮匈奴血。待从头，收拾旧山河，朝天阙！）至今仍是令人士气振奋的佳作。其率领的军队被称为"岳家军"，金人流传着"撼山易，撼岳家军难"的名句，表示对"岳家军"的最高赞誉。

第十六章　铁蹄铮铮　黄金家族

蒙古族的壮大

蒙古族起源于古代望建河（今内蒙古呼伦贝尔草原北部的额尔古纳河）流域，原来被称为"蒙兀室韦"。840年后，这个部落的大部分人逐渐向西南迁徙，到达现在的蒙古草原及其周边地区，逐渐同留在那里的突厥语族居民融合，并从游猎生活过渡到游牧生活的方式。他们晚上住在蒙古族特有的蒙古包里，白天则在草原上放牧。

随着畜牧业的发展，蒙古族人子孙繁衍，氏族支出，逐渐分布于现今蒙古鄂嫩河、克鲁伦河、土拉河上游和肯特山以东的大草原，组成了许多大大小小的部落集团。后来蒙古族部落中逐渐出现了阶级分化，富裕者从氏族中突显出来，成为游牧贵族，叫做"那颜"。他们掌握着支配牧场的权利，占有众多的牲畜。一些势力强大的游牧贵族，还在身边聚集了一批称为"那可儿"的军事随从。一般牧民由原来拥有平等权利的氏族成员，变为向贵族纳贡服役的依附者，被称为"合剌出"，也就是"牧奴"的意思。他们不仅要向贵族交纳赋税，进献一定数量的贡物，还要做剪羊毛、挤奶等杂役。因此，蒙古族进入了奴隶社会。

到了12世纪中叶（北宋时期），蒙古族社会由奴隶制过渡到封建制。贵族们为了满足他们贪婪的欲望，相互之间不断进行战争，竞相掠夺人口和畜产。12世纪末，蒙古社会动荡，各部落相互混战兼并。原来蒙古族社会部落林立，而现在只剩下蒙古、塔塔儿、克烈、蔑儿乞、乃蛮五大集团相互对抗。但在当时，所有这些蒙古族部落都受到金朝的统治和压迫。许多蒙古族人流浪荒漠，不得安居，因此他们对金朝统治者恨之入骨。人们渴望和平与安定，期待有一个强大的中心力量来领导全蒙古的统一，结束分崩离析、相互争斗的局面。而就在此时，这一历史重任落到了蒙古部的首领铁木真身上。他统一了蒙古各部，建立了蒙古汗国，铁木真被称为成吉思汗。

一代天骄

1162年，孛儿只斤铁木真出生在蒙古草原尼伦部的一个贵族之家，家族属于蒙古部中的乞颜部。那个时候，蒙古部落林立，相互间征战不休，铁木真的父亲也速该就是在部落的仇杀中为塔塔儿人下毒而死。

青少年时的铁木真武艺超群，才智过人。父亲去世后，生活的苦难让铁木真变得更加坚强，更加睿智。1189年，27岁的铁木真被部从拥戴为汗。

1196年，塔塔儿部反抗金朝，铁木真联合王罕，应金国丞相完颜襄之约，在斡里札河共同围歼了塔塔儿部，杀死了他们的首领。1202年，铁木真挥师讨伐，彻底歼灭塔塔儿部。1203年，王罕与铁木真反目，克烈部于合兰真沙陀大败铁木真。随后，铁木真重整旗鼓，对王罕发动突然袭击，王罕父子被杀，铁木真战胜了蒙古族最强大的克烈部。

1204年，铁木真消灭了蒙古草原上唯一能和自己对抗的乃蛮部，并擒杀其首领太阳罕。1206年，铁木真召集各部贵族、将领在斡难河源头举行盛大集会，会上铁木真被推举为大汗，尊称"成吉思汗"。随后，成吉思汗建立了强大的蒙古帝国，并开始建立蒙古帝国的国家制度。1211年，蒙古国南下进攻金国。1214年，攻占了中都燕京，金国被迫迁都开封。

1219年，成吉思汗亲自率军踏上征讨花剌子模（今乌兹别克斯坦和俄罗斯境内）的万里西征之路。1220年，成吉思汗连续攻破了花剌子模的要塞不花剌、撒麻耳干等城。1221年，成吉思汗占领花剌子模全境以及中亚的许多地区。1222年，血洗花剌子模中心城市玉龙杰赤后，成吉思汗乘胜追击，派军深入巴基斯坦、印度追击逃敌。之后，大军继续西进，征服了阿塞拜疆和俄罗斯南部，一直打到克里米亚半岛、伏尔加河流域、多瑙河流域，威震世界，被当时的西方人称为"黄祸"。

1226年冬，成吉思汗再次率蒙古大军进攻西夏。次年，西夏王投降，但要求宽限一个月的时间。然而，就在这一个月中，成吉思汗竟病死军中，终年66岁。不久，西夏灭亡。几年后，成吉思汗的子孙们继承他未完成的事业，攻灭金国，建立起一个空前庞大的大帝国。元朝建立后，成吉思汗被追尊为元太祖。

成吉思汗的辉煌战绩遍布蒙古、俄罗斯、印度、伊朗、阿拉伯、匈牙利等国，在中国乃至世界战争史上都是绝无仅有的。

元初改革

元世祖忽必烈即位后，为了巩固汗位的需要，采取了一系列的措施以维护统一。

政治上，为了进一步加强中央集权，他废除了蒙古部落传统的分土立国的方法和忽里勒台大会制度，重新建立了国家机构和职官制度。在中央，元世祖设立中书省和枢密院，分别掌管全国行政和军事，又设御史台监察百官，而大权最后全部都集中到最高统治者手中；在地方，设立行中书省（简称行省），以及行枢密院和行御史台，又下设路、府、州、县等行政机构，直接对行省负责。元世祖还将军事与政治、民事与政治相继分开，成立了26队亲兵，由自己亲控，这样，军权也由自己掌管。

在经济上，元世祖奖励农桑，大力恢复生产：在中央设立了劝农司、司农司和营田司，在全国颁行《农桑辑要》；大力推行屯田政策，禁止牲畜践踏庄稼，限制牧场侵占农田；兴修水利，开凿运河。这对当时社会和经济的恢复和发展，以及政权的巩固起着非常重要的作用。

文化教育上，蒙古族出身的元世祖还破除民族界限，大力提倡汉族传统文化，进一步确立儒家的正统地位。元世祖在中央设立了国子监，兴办学校，为当时社会培养了许多人才。

但是，元世祖的变革并没有得到很好的贯彻和施行。原因是许多蒙古统治者并不能领会他的治国方略，因而使得这些政策的成效大打折扣。此外，元世祖的改革也有很多不彻底的地方，他没能彻底废除分封采邑的制度，而且还增加了许多宗王的食邑。元世祖对蒙古贵族蓄养奴隶的制度和斡脱制度的保留在一定程度上阻碍了工商业的发展，使社会经济受到了破坏。

忽必烈

孛儿只斤忽必烈生于 1215 年，为成吉思汗之孙，拖雷之子，蒙哥汗（宪宗）之弟。年轻时的忽必烈就有着远大的抱负。他武艺超群，能征善战，而且对汉族的文化也颇为熟悉。

1251 年，蒙哥即大汗位后，委托忽必烈全权管理大漠以南汉地军国庶事，以京兆、怀州为分地。1253 年，忽必烈统兵灭大理。随后忽必烈的势力不断扩大，蒙哥害怕忽必烈篡权，解除了忽必烈的兵权。

1258 年，忽必烈奉蒙哥之命率领东路军，出兵攻打南宋，东路军权再一次落入忽必烈的控制之中。1259 年，蒙哥战死，忽必烈得知弟弟欲谋大汗之位，又逢南宋一味求和，遂罢兵北还，与弟弟阿里不哥展开了一场激战。1260 年，忽必烈战胜阿里不哥，夺取了汗位，在开平建立了真正意义的蒙古帝国，建年号"中统"。至元元年（1264），忽必烈平息内乱后，将都城迁至燕京（今北京），是为中都。从 1267 年起，忽必烈用了 10 年的时间营建燕京新都。1271 年，忽必烈改蒙古国号为元，忽必烈即元世祖。1272 年，元世祖改中都为大都，正式迁都燕京（今北京）。

稳定了蒙古内部的统治之后，忽必烈开始南下攻宋。他首先攻破襄阳、樊城两地，使得南宋门户大开。又经过多年的讨伐，终于在 1279 年，将软弱腐败的南宋灭亡。随后，他又陆续将西藏、云南、新疆、东北、台湾等地都纳入自己的权利范围之内，统一了中国。

晚年的元世祖思想逐渐趋于保守，甚至顽固僵化，元朝的统治也开始衰落。至元三十一年，元世祖病逝，享年 80 岁。

忽必烈是中国历史上著名的少数民族政治家和军事家。他一生最大的贡献就是建立了一个统一的多民族的国家，结束了 300 年来南北对峙的局面。大元的建立，使得各民族在这幅员辽阔的版图内在经济、思想、文化、科学等方面都得到了充分交流，推动了中华民族的历史进程。

四等人制

元朝建立后，元世祖忽必烈为维护自身的特权地位，根据先后征服的顺序，将各族人口分为四等：蒙古、色目、汉人、南人。四等人在法律和权力上不平等，量刑轻重不同。在任用官吏方面，汉人、南人不得任中书省丞相和枢密院长官，御史台长官非国姓不授。科举取士虽四等人平均分配，但对汉人、南人的考试程序规定尤为严格。此外在持兵器、铁器，以及狩猎、结社、聚会、娱乐等方面，对汉人、南人的限制也有许多。这在客观上造成了很大程度的民族歧视和民族压迫。

省级建置

中国历史上疆域最大的封建王朝是元朝，元朝统治者为了对如此辽阔的疆土进行有效的统治，在行政区划上，逐渐形成了一套行省制度。

"行省"这个词最早出现在金朝。当时为处理地方上一些重大军政事务，就派尚书省宰相到地方上去，行使尚书省的职权，称为"行尚书省事"，简称"行省"。

忽必烈即位以后，设立中书省总管全国政务，地位相当于金朝的尚书省。行省设置后来慢慢固定下来，成为地方上的常设机构。行省有了自己独立的官称，行省官员单称某某行省平章，或某某行省右丞，而不再称为中书省宰相。从此，行省原先作为中央派出机构的色彩完全消失，成为元朝地方最高行政机构。

元朝后期，全国形成了辽阳、甘肃、陕西、河南、江浙、江西、湖广、四川、云南九个行省，后来又增设岭北行省，一共是十个行省。

宣政院

宣政院初称总制院，至元元年（1264）始置，执掌佛教和吐蕃事务，由国师（为赠号，系皇帝封赐僧人的尊号）总领。二十五年，以唐制在宣政殿接见吐蕃使臣，故改称宣政院。如遇吐蕃有事，则临时设置宣政分院赴当地处理。

关汉卿

关汉卿出生在金末元初，当时连年战乱，整个华北一带呈现出一片凄惨的景象，百姓生活在水深火热之中。元朝统一中国后，城市经济逐渐复苏并日渐繁荣，在人口众多的城市里，杂剧逐渐兴盛起来。

关汉卿作为封建社会的知识分子，熟读儒家经典，《周易》《尚书》等典籍中的句子信手拈来。但在仕途堵塞的元代，关汉卿能冲破儒家思想的束缚，放下士子的清高，虚心接受生生不息、杂然并陈的民间文化的滋养，因而他的杂剧和散曲以其深厚的艺术素养为背景，得心应手地运用民间俗语、三教九流的行话，使其唱词、宾白极具文学欣赏价值，同时，其音律、曲调和演出形式也日臻完善。关汉卿不但吹拉弹唱样样精通，而且能歌善舞，形象动人，经常"面傅粉墨"，亲自登场，成为人们公认的"梨园领袖"。

关汉卿一生执著于鸿儒所不齿的戏曲事业，创作了60余种杂剧作品和数十首散曲，但流传下来的仅有18种，均收录于《关汉卿戏曲集》，如《窦娥冤》《救风尘》《蝴蝶梦》《鲁斋郎》《拜月亭》《调风月》《望江亭》等都是广为流传的名篇。

关汉卿的杂剧与一些士大夫的诗词文赋大相径庭，"极摹人情世态，备写悲欢离合"。当时的元朝社会，"权豪势要"是一个特权阶级，受到法律的公然保护，因此，老百姓常常是叫天天不应，叫地地不灵。于是，关汉卿用现实主义的艺术手法，对社会的黑暗作了广泛而深刻的揭露和批判，反映了实实在在的现实生活和思想感情，具有强烈的现实性，弥漫着昂扬的战斗精神。

在中国文学史上，元曲与唐诗、宋词并称。而关汉卿作为元杂剧的先驱，被称为元曲四大家之首，是中国戏曲重要的奠基人。

红巾军起义

元顺帝统治末年，政治败坏、税赋沉重，加上天灾不断。红巾军最初起于北方，以韩山童、刘福通等为首领，宣传弥勒下世、明王出世等教义，1351 年，元顺帝以贾鲁治黄河，动用大量民夫，造成不满，韩山童等人决定在 5 月发动起事，但事泄，韩山童被捕杀，刘福通带山童之子韩林儿杀出重围，占领颍州，许多人纷纷加入，在河南一带势盛，而北方其他起事，如徐州的芝麻李、彭人，濠州的郭子兴等，均打着红巾军旗号起义。

北方红巾军兴起之后，南方长江流域也纷纷打着红巾军的旗号起事，如彭莹玉、徐寿辉等在湖北，王权在南阳地区等。

元朝对于红巾军的起事随即展开镇压，双方各有胜负。1355 年，战局有所转变，刘福通击败元朝军队，并展开反攻，甚至逼近大都，南方红军则在湖南、湖北获得胜利，朱元璋则继承了病逝的郭子兴的地位，并渡长江占领集庆（今南京）。1363 年，北方红巾军在安丰之役中败给新兴并降元的张士诚，刘福通战死，南方红巾军将领陈友谅则于 1360 年杀徐寿辉自代。此后各群雄互相争战，已渐失去原本红巾军的性质。

第十七章　集权裂变　大明帝国

和尚皇帝朱元璋

朱元璋（1328～1398），名重八，又名兴宗，字国瑞，濠州钟离（今安徽凤阳东）人。出身贫农家庭，小时候曾在直觉寺做过和尚，1352年（元至正十二年）参加濠州郭子兴部红巾军。

1355年（元至正十五年）韩林儿在亳称帝时封他为左副元帅。朱元璋军纪严明，又知人善任，文官冯国胜、李善长等都为他出谋划策，勇猛善战的常遇春、胡大海等都来投奔他。

1356年（元至正十六年）攻下集庆（今江苏南京），废除了元朝的一些苛政，命请将屯田。后来又接受了朱升的"高筑墙，广积粮，缓称王"的建议，壮大了自己的势力。1367年（元至正二十七年），朱元璋决意北伐，提出"驱逐胡虏，恢复中华"，"立纲陈纪，救济斯民"的口号。

1368年正月，北伐军进占大都，结束了元朝的统治。

1368年1月23日（明洪武元年正月初四日）建立了明朝，改元洪武，定都南京。

明初改革

朱元璋削平群雄，统一中国后，就立即开始着手治理百废待兴的国家。

经过多年的战乱，全国土地荒芜，人口锐减，经济萧条，社会生产一度停滞不前。朱元璋实行休养生息的政策，他奖励开垦荒地，在全国大力推广经济作物的种植和利于恢复农业生产的措施。他又下令清丈土地，编制户籍，将农民无形地束缚在土地上，使得国家的赋税得到了有力的保障。

朱元璋接受刘伯温的建议，严肃法纪，整顿纲纪。

为加强中央集权，维护来之不易的大明江山，朱元璋还改革了行政机构。在中央，朱元璋废除了自秦汉以来存在一千多年的丞相制度，分相权于吏、户、礼、兵、刑、工六部，六部长官直接对皇帝负责。在地方，朱元璋废除了元朝的行省制度，改设布政司，按照皇帝的意思管理地方政务。同时，还在地方设都指挥使司和提刑按察使司，分别管理军事和司法。在军事上，朱元璋创立了卫所制，在全国重要的军事地区设卫，次要地方设所。将大都督府分为前、后、左、右、中五军都督府，管理军政，卫、所均受五军督府限制，这些措施大大加强了中央集权，并把一直发展的君主专制推向顶峰。

靖难之役

明太祖朱元璋把儿孙分封到各地做藩王，藩王势力日益膨胀。他死后，孙子建文帝即位。建文帝采取一系列削藩措施，严重威胁藩王利益，坐镇北平的燕王朱棣起兵反抗，随后挥师南下，史称"靖难之役"。1402年，朱棣攻破明朝京城南京，战乱中建文帝下落不明。同年，朱棣即位，就是明成祖。第二年，改年号为永乐，改北平为北京。1421年，迁都北京，称北京为京师，南京为留都。靖难之役，是明朝开国皇帝朱元璋死后不久爆发的一场统治阶级内部争夺皇位的战争。

宦官专权

自古以来，历代皇朝都禁止宦官参与或干涉国家大事，但事实上，由于宦官能与皇帝和皇室成员接近，所以常常能窃取某些权力。东汉、唐朝末年就都曾经出现过宦官专权的现象，而到了明代，宦官专权现象就变得更为严重。

明太祖朱元璋建立明朝后，对宦官控制很严，他曾经在皇宫内镌刻铁牌，规定宦官不得读书识字，不得干预朝廷政事。可是，燕王朱棣发动"靖难之役"夺取皇权时，却是得到宫内太监提供的情报才成功的，所以，朱棣称帝后，对太监也格外地恩待，委以出使、专征、监军等军政大权。为了将建文帝的余党全部清除，朱棣还设立了由亲信太监掌管的特务机构——东厂，专门缉拿"要犯"。东厂只对皇帝负责，可随意监督、缉拿臣民，不必经司法机关批准。但在当时，皇帝还亲自掌管朝政，宦官尚且不敢擅权。

明代的宦官专权，大约始于明英宗正统年间。英宗当皇帝时年仅9岁，不懂国事，因而对太监王振越来越宠信，使得王振的权势越来越大，最后到了不可控制的地步。王振假借皇帝的意旨，控制了朝廷上下，连英宗也时常被他所左右，从此开了宦官干政之端。明英宗还授权太监审理囚犯，宦官从此又插手司法。后来，由皇帝批准，精锐的京军"团营"又归太监节制，从而开了宦官总领京军的先例。到了明武宗正德年间，刘瑾等8个宦官勾结成伙，人称"八虎"。他们拉拢一些大臣结成阉党，几乎将整个朝廷控制在他们手中。就这样，明代宦官专权的局面一步步地形成，并发展成了明代政治上的一大"毒瘤"。

厂　卫

"厂卫"，是明代特务机构的总称。"厂"指东厂、西厂、内行厂等，是明代以司礼监宦官为首领的内廷特务组织。"卫"指锦衣卫，是明代皇上侍卫之一。锦衣卫大都隶属于厂。厂和卫都自设监狱，它们之间狼狈为奸，相互勾结，对天下臣民进行严密监视和残杀，实行恐怖统治。"厂卫"是宦官专权的工具，是地主阶级镇压人民的暴力机构。

东　厂

明政权治国的一个重要特征就是利用太监、锦衣卫实行恐怖的特务统治。朱元璋建国初始便"以威立国"，充分利用锦衣卫监管官民。又广布太监为心腹，用裁诬权贵以控制政府。洪武年间，"空印案"、"胡蓝党案"等大狱屡兴，又起文字狱，前后有无数人丧命，乃至"才能之士百无一二"。大臣上朝有如诀别，人民缄口，动辄得咎。明成祖朱棣从发动"靖难之役"始，为"刺探宫中事"，就收买了建文帝身边的太监。太监的地位由此得到加强，使之成为明政权中不可或缺的力量。

洪武年间，朱元璋对太监既利用又控制，但太监并无专门的权力机构，以供其胡作非为。至明成祖朱棣时，正式成立了由太监掌管侦缉和刑狱的特务机关——东厂。东厂直接对皇帝负责，其掌印太监官衔叫"钦差总督东厂官校办事太监"，简称"提督东厂"。除东厂外，明成化、正德、万历年间还先后成立过与东厂作用相同的由太监主管的西厂和内行厂。

东厂自成立以后，便是个人人谈虎色变的地方，前后220余年间，太监弄权，侦缉诬陷，酷刑冤案无一日无之。这些酷刑有族诛、凌迟、极刑、集令、洗刷、秤竿、抽肠、挑筋、刖足、断手、阉割、剥皮、各种枷令、戴镣治事等。

东厂往往由司礼监掌印太监兼领其事，其权势熏天。前后掌管过东厂的大太监先后有王振、汪直、刘瑾、冯保等，一代胜过一代，把明朝一步步推向灭亡。

司礼监

明代宦官机构设有"二十四衙门"，其中权力最大的是司礼监的太监。其职责为提督太监管理皇城内一切礼仪、刑名及管理长随、当差、听事各役、关防门茶、催督光禄供应等事。皇帝的最后意见，都要由司礼监秉笔太监用红笔批写在奏章上，称之为"批红"。因此，太监就成了皇帝的代言人。司礼监太监王振就曾矫造圣旨引荐他的同党，打击与他为敌的人。他权威日重，连皇帝都称他为"先生"，而许多朝廷官员更是尊他为"翁父"。

土木堡之变

明朝正统年间，宦官王振擅权，朝政日益混乱，边防空虚。这时，蒙古瓦剌部强大起来。瓦剌首领也先梦想恢复"大元一统天下"，便极力向中原扩张。1449年，瓦剌首领也先率军攻打明朝。王振怂恿英宗率50万大军亲征，以建君威，英宗接纳了他的建议。然而仓促出兵，行伍不整，粮饷不齐，士气十分低落。八月初一明军抵达大同，也先假装败退，诱明军深入。明军先头部队中伏击而大败，王振听到前方军队失败，心里非常恐慌，急忙令大军撤退。在回军路上，王振不听大同总兵让英宗速入紫荆关的建议，反邀英宗到自己的老家蔚州巡游，以耀乡里。行40里后，王振又急令军队转道宣府，以避免大军踏坏他家乡的庄稼，而这样就耽误了许多时间。14日停驻在土木堡时，被瓦剌军队追到并团团围住，明军被围困两天，人马无水喝，陷入困境，英宗遣使请和。瓦剌军也先假装言和。当明军移营出城时，乘此机会将他们包围了起来。明军仓促间人仰马翻，死者无数，英宗被俘。战斗中，护卫将军樊忠义愤填膺，将王振一锤击死。这一战役，明军死伤数十万，文武官员也死伤50余人。这就是历史上的"土木堡之变"。

夺门之变

　　土木堡之变后，英宗的弟弟朱祁钰继位，史称代宗，年号景泰。时值瓦剌军进犯北京，于谦力主抗击瓦剌，誓死保卫京师，得到皇帝的支持。北京保卫战之后，瓦剌大败而归，英宗朱祁镇被无条件地释放回朝。英宗回来以后，代宗并没有把皇位还给他，而是尊英宗为太上皇，让其深居南宫，并对南宫严密封锁，以防不测。

　　景泰八年（1456），代宗忽然得了重病卧床不起，"易位"问题又成了大臣们私下里议论的话题。武清侯石亨和宫内太监曹吉祥等人主张让原来英宗立的太子即位。大臣徐有贞却认为现在代宗病重，而太上皇又健在，不如趁此机会拥立太上皇复位。这样不但肯定能够成功，而且将来论起迎复之功，也一定能加官晋爵。石亨和曹吉祥听了徐有贞这一番话，觉得可行。他们马上分头行动，准备发动政变。

　　天顺元年（1457）正月十六日晚。石亨、曹吉祥带着1000名兵卒闯到南宫，打破宫门强行进入，带出被关押在里面的英宗，直接奔向奉天殿。曹吉祥马上派自己的亲信太监去召集各位大臣，让朝臣们马上到大殿朝见，说有重要事情要宣布。大臣们一到，大殿里马上钟鼓齐鸣，就见被幽禁许久的英宗走上殿来，坐在宝座上。大臣们随着司礼太监一声"太上皇重登金殿，文武百官进殿朝见"的呼声，纷纷跪在地上，向复辟成功的英宗行了朝见大礼。

一朝大权在手，英宗就毫不客气地又将代宗朱祁钰废为郕王，将其迁回西内，后转禁于小南城（今南池子普度寺）。英宗还屡下诏书，陈述这位做了8年皇帝的兄弟的"不孝、不义"等罪状。

离开皇位仅一个月，朱祁钰就一命呜呼了，死时年仅30岁。以亲王礼葬于西山（即今金山口的景泰陵）。从此，英宗朱祁镇又开始了他为时8年的第二次统治时期。这一事件，历史上称为"夺门之变"，又称"南宫复辟"，是明朝第二次统治集团内部的皇位争夺战。

郑和七下西洋

朱棣即位后，中国成为当时世界上最为强大的国家之一，在经济和军事上都是首屈一指。为了恢复和发展同海外各国的友好贸易往来，树立和扩大明朝在海外的威望和影响，明成祖决定派人远赴西洋。因为郑和是明成祖的心腹，再加上郑和深受父亲的影响，对航海颇为了解，于是，郑和成了第一人选。

永乐三年（1405）六月，郑和率领62艘宝船（因其形体巨大，驾驶先进而得名），带着大量的丝绸、瓷器、粮食等物资以及2700余人，开始了第一次远航。这次远航的起点是苏州刘家港，终点是印度半岛西南的大商港的古里（今卡利卡特）。当地国王都对郑和表示热烈欢迎，并与郑和互赠了礼物，1407年返回。然而，在返回途中，行至旧港（苏门答腊岛）时，海盗头子陈祖义伪降，其实是阴谋抢劫。郑和假意不知，在陈祖义晚上妄图抢劫时，62艘宝船突然杀声震天，把陈祖义等当场擒获。押回国后，明成祖重赏郑和，将陈祖义斩首示众。

永乐五年（1407）年末到永乐七年（1409）七八月间，郑和率宝船48艘从刘家港启航，进行第二次远航。船队经过占城、泰国、苏门答腊、古里、锡兰等国家到达爪哇国。当时，爪哇国东西两王正在战争，郑和船队的人员上岸进行贸易时，被西王误杀了170多人。事后，西王自知理亏，派使臣随郑和到明朝向明王谢罪。此后，爪哇一直和中国保持着友好往来。

永乐七年（1409）秋天，刚刚回国的郑和又被明成祖派去三下西洋。郑和船队首先到达占城。在占城，占城王特意在王宫里为郑和船队举行盛大的宴会。占城人民也对中国的瓷器和丝绸等物很感兴趣，郑和也从他们那里购买象牙、犀牛角等特产。之后，郑和再次到达锡兰。然而，锡兰国王对郑和傲慢无礼，还欲抢劫船上的宝物，郑和无奈，破城攻之。生擒锡兰国王亚烈苦奈儿，于永乐九年（1411）带回大明。永乐大帝从宽发落，赐衣物，释放回国。郑和此次远洋归来，有19个国家的使节随郑和船队一起到中国访问，明朝的对外关系达到了一个高潮。

永乐十一年（1413），郑和第四次远航。他先到达占城，又访问了东南亚诸国，并到了苏门答腊及忽鲁谟斯等国。回国，途经苏门答腊时，苏门答腊前王子欲对郑和船队截击，被郑和擒获。永乐十三年（1415），郑和率船队回国。

永乐十四年（1416），郑和第五次下西洋，郑和率船队经爪哇、古里、忽鲁谟斯、阿丹、木骨都束（今索马里）、卜剌哇（今非洲东岸）等地，将19个国家的使臣送回各自国家。永乐十七年（1419），郑和回国时，又有17个国家的使臣随郑和船队来到大明访问。

永乐十九年（1421），明成祖又派郑和带着国书和大量的礼物，率领船队护送这些使臣回去。这是郑和的船队第六次远航西洋。

永乐二十二年（1424），明成祖病逝，仁宗即位，下令停止下西洋，大明与西洋各国间的经济往来逐渐衰弱，政治影响也越来越小。

宣德六年（1431），明宣宗派郑和第七次下西洋，以改变这种局面。此时郑和已是花甲之年。第七次下西洋，郑和几乎走遍了南海、北印度洋沿岸各国、阿拉伯半岛和非洲东岸的国家。宣德八年（1433）七月，郑和船队在满剌加装载货物，返回南京。

由于多次出海，郑和长年劳累，精疲力竭，最后一次航行回国不到两年，就于1434年在南京病逝了。

戚继光抗倭

14世纪初叶，日本进入南北朝分裂时期，封建诸侯割据，互相攻战，争权夺利。在战争中失败了的一些南朝封建主就组织武士、商人和浪人到中国沿海地区进行武装走私和抢劫烧杀的海盗活动，历史上称之为"倭寇"。明初开始，倭寇对中国沿海进行侵扰，从辽东、山东到广东漫长的海岸线上，岛寇倭夷，到处剽掠，沿海居民深受其害。明初筑海上16城，籍民为兵，以防倭寇，取得了一些成效。至嘉靖时，倭寇又猖獗起来，并与中国海盗相勾结，对闽、浙沿海地区侵扰如故。在倭寇长期为患之时，明朝军队中涌现了抗倭名将戚继光。戚继光，字元敬，号南塘，又号孟渚。山东登州（今山东蓬莱）人。父死，袭官登州卫指挥佥事，升任都指挥佥事，负责山东御倭兵事。嘉靖三十四年（1555）调浙江，任参将，积极抗御倭寇。他鉴于卫所军有不习战阵的弱点，恳请获准后亲赴"俗称慓悍"的义乌招募农民和矿工，组织训练一支3000多人的新军。他治军有方，教育将士要杀贼保民，严格军事训练，"教以击刺法，长短兵选用"，排演自己创制的鸳鸯阵。由于新军将士英勇善战，屡立战功，被誉为"戚家军"。嘉靖四十年，倭寇焚掠浙东，他率军在龙山大败倭寇。继之在台州地，扫平浙东。次年率6000精兵援闽，捣破倭寇在横屿（今宁德东北）的老巢。嘉靖四十二年再援福建，升总兵官，与刘显、俞大猷分三路进攻平海卫（兴化城东），"斩级二千二百"。次年春，相继败倭于仙游城下，福建倭患遂平。嘉靖四十四年又与俞大猷会师，歼灭广东的倭寇。东南沿海倭患完全解除。

海瑞罢官

海瑞（1514～1587），明代著名政治家。海南琼山人，字汝贤，自号刚峰。他自幼攻读诗书经传，博学多才。海瑞一生居官清廉，刚直不阿，深得民众的尊敬与爱戴。

明代松江府告老还乡的太师徐阶的第三子徐瑛霸占民田，鱼肉乡里，强占民女赵小兰。小兰母洪阿兰告状，华亭县令王明友受贿，杖毙小兰祖父。应天巡抚海瑞微服出访，路遇洪阿兰，查明真相，判处徐瑛、王明友死罪，饬令退田。徐阶买通太监、权贵，妄图罢免海瑞，推翻定案。海瑞识破奸计，断然处斩二犯，然后交出大印，慨然罢官归里。

徐霞客探险

徐霞客（1587～1641），名弘祖，字振之，号霞客，汉族，明南直隶江阴（今江苏江阴市）人。伟大的地理学家、旅行家和探险家。崇祯十年（1637）正月十九日，由赣入湘，从攸县进入今衡东县境，历时55天，先后游历了今衡阳市所辖的衡东、衡山、南岳、衡阳、衡南、常宁、祁东、耒阳各县（市）区，三进衡州府，饱览了衡州境内的秀美山水和人文大观，留下了描述衡州山川形胜、风土人情的15000余字的衡游日记。他对石鼓山和石鼓书院的详尽记述，为后人修复石鼓书院提供了珍贵的史料。

努尔哈赤建立后金

努尔哈赤（1559～1626），爱新觉罗氏，满族，即清太祖。明朝后期，女真族社会的发展，出现了统一的趋势。公元1582年至1588年，努尔哈赤首先统一了建州各部。以后又合并松花江流域的海西各部和长白山东北的东海诸部。在统一过程中，创建了八旗制度，并命人根据蒙古文字母创制满文。1616年2月17日，（明万历四十四年正月初一日）努尔哈赤宣布自己为金国汗，割据辽东，建元天命，定都赫图阿拉，国号金，史称后金。

第十八章　大清王朝　史家绝唱

闯王李自成

李自成（1606～1645），明末农民起义领袖，原名鸿基，称帝时以李继迁为太祖。世居陕西米脂李继迁寨。童年时给地主牧羊（一说家中非常富裕），曾为银川驿卒。崇祯二年（1629）起义，后为闯王高迎祥部下的闯将，勇猛有识略。八年荥阳大会时，提出分兵定向、四路攻战的方案，受到各部首领的赞同，声望日高。次年高迎祥牺牲后，他继称闯王。十一年在潼关战败，仅率刘宗敏等十余人，隐伏商雒丛山中（在豫陕边区）。次年出山再起。十三年又在巴西鱼腹山（腹一作复）被困，以五十骑突围，进入河南。其时中原灾荒严重，阶级矛盾极度尖锐。李提出"均田免赋"等口号，获得广大人民的欢迎，散布"迎闯王，不纳粮"的歌谣。部队发展到百万之众，成为农民战争中的主力军。崇祯十六年（1643）在襄阳称新顺王。同年，在河南汝州（今临汝）歼灭明陕西总督孙传庭的主力，旋乘胜进占西安。次年正月，建立大顺政权，年号永昌。不久攻克北京，推翻明王朝。由于起义军领袖犯了胜利时骄傲的错误，迫害吴三桂的家属。逼反吴三桂，放满清贵族入关，联合进攻农民军。李自成迎战失利，退出北京，率军在河南、陕西抗击。永昌二年（1645）在湖北通山九宫山考察地形，李自成神秘消失，李自成余部降清后，又反叛满清，继续抗清斗争。

郑成功收复台湾

明天启四年（1624），荷兰殖民主义者侵占中国台湾。清初，郑成功下决心赶走侵略军。顺治十八年（1661）三月，郑成功亲率2.5万名将士，分乘几百艘战船，浩浩荡荡从金门出发。康熙元年初，侵略军头目被迫到郑成功大营，在投降书上签了字。至此，郑成功从荷兰侵略者手里收复了沦陷38年的我国神圣领土台湾。

康乾盛世

康乾盛世是指清朝康熙、雍正、乾隆三帝在位时期（1661～1795）出现的繁盛局面。

康熙帝即位之初，剪除了以鳌拜为首的满族贵族中的保守势力。强调"满汉一视"，缓和民族矛盾，奠定了百年盛世的基础。他在位期间，致力于巩固边疆，消除割据，反对分裂。先后平定三藩之乱，统一台湾；两度亲征蒙古准噶尔部的叛乱；抗击沙俄的侵略，取得雅克萨战役的胜利，与俄国签订划定中俄东段边界的《尼布楚条约》，维护和巩固了国家的统一，为清朝社会的发展，提供了相对稳定的社会环境。雍正帝在位期间，继续平定准噶尔部叛乱。为了加强对西藏地区的管理，在西藏设置了驻藏大臣。乾隆帝最终平定准噶尔部叛乱，挫败沙俄对我国西北领土的扩张野心。之后又于天山南北路分置伊犁将军、参赞大臣，对新疆地区实施统治和管理，还击败廓尔喀（尼泊尔）对西藏的入侵。颁行《钦定西藏章程》，对西藏的政治、经济、军事实施重大改革，提高驻藏大臣的职权。规定达赖、班禅及其他活佛转世的"金奔巴瓶掣签"仪式，均须在驻藏大臣监视下进行，并请中央朝廷钦定批准。

经康、雍、乾三代平定叛乱、反击侵略的斗争，最终巩固了统一的多民族国家。在经济方面，三个皇帝都注意发展生产，采取废除满族贵族的圈地、奖励垦荒、实行更名田（即将原明代藩王庄田免价给予原佃户耕种，佃户改为民户，田地永为世业）等措施；并调整赋役制度，推行"摊丁入亩"的赋税制度。此外三帝还经常大规模地赦免钱粮，减轻农民的赋税负担。为发展生产，三帝在位期间，先后对黄河、永定河进行了治理，并在江、浙修筑近300里长的海堤，以治理水患，保护农业生产。经过百余年的恢复和发展，至乾隆中叶，社会经济水平已达到并超过明代。康熙、雍正、乾隆三帝，在国家统治方面，进一步加强皇权，设军机处，实行奏折制度，根绝宦官干政，制定严刑峻法，残酷镇压反叛；且大兴文字狱，实行文化专制，自中央到地方，建立严密的统治网络，极大地强化了专制主义中央集权的统治。

在康、雍、乾三代的百余年间，国力强盛，国内局势相对稳定，社会经济持续发展，国家的统一得到极大的巩固，而被史家誉为"康乾盛世"。

三藩之乱

清朝入关后，封明朝三位降将吴三桂、尚可喜（后为其子尚之信）、耿继茂（后为其子耿精忠）为王。康熙十二年（1673），康熙帝下令撤藩，结束其各拥兵自重、独霸封地的局面。

朝廷的撤藩令下达后，"三藩"之首的吴三桂非常气愤，便密谋叛清。康熙十三年（1674）一月，吴三桂杀死云南巡抚朱国治等清朝官吏后，自称周王，并向湖南进兵，清兵措手不及，节节败退。随即，靖南王耿精忠、平南王尚之信等部纷纷起来呼应。至此，三藩之乱形成。

三藩之中，吴三桂的势力是最强的，给清政府造成了极大的威胁，但他目光短浅，并没有乘势追击，贻误战机。康熙帝从容迎敌，并清楚地认识到三藩之中吴三桂是祸首，三桂灭、诸藩散。战斗进行了两年多，战场形势逐渐发生逆转，西面叛军王辅臣投降；东面耿精忠作战不力，势穷乞降；不久广东、广西的尚之信也放下武器。在这期间，吴三桂病死，其子吴世藩继位。康熙二十年（1681），昆明被清军攻陷，吴世藩自杀。尚之信在1680年被赐死，耿精忠被俘后解至京师处死。这场历时8年、蔓延10省的"三藩之乱"终于被平定下来。

雅克萨的胜利

康熙帝刚刚平定了三藩之乱，就亲自到盛京，一面派将军彭春借打猎为名到边境侦察；一面要当地官员修造战船，建立城堡，准备征讨敌人。

康熙帝作好一切准备之后，派人送信给雅克萨的俄军头目，命令他趁早退出雅克萨。沙俄军不但不肯退出，反而向雅克萨增兵，跟清朝对抗。眼看和平解决已经不可能了，康熙皇帝宣布向雅克萨进攻。

1685年，康熙帝派彭春为都统，率领陆军水军一万五千人，浩浩荡荡开到雅克萨城下，把雅克萨围了起来。

沙俄军队经过几年的准备，把城堡修得十分牢固。按照康熙皇帝的命令，彭春把投降的俄军全部释放，勒令他们撤回本土。遭到惨败的俄军头目并没有死心，过了不久，又带兵溜回雅克萨，把城堡修筑得更加坚固。

边境的警报传到了北京，康熙帝决定把侵略军彻底消灭。第二年夏天，黑龙江将军萨布素再一次进军雅克萨。这一次，清军的炮火更加猛烈，俄兵几次出城反扑，都被清军打了回去。守城头目中弹死去，留下一批侵略军不得不躲到地窖里，但是没几天，也就都死光了。

沙俄政府慌忙派使者赶到北京，要求谈判。公元1689年，中国政府派出代表索额图，沙俄政府也派出戈洛文做代表，在尼布楚举行和谈，划分了两国边界，肯定了黑龙江和乌苏里江流域的广大地区都是中国领土，这就是《尼布楚条约》。

文字狱

文字狱即"因文字而贾祸"。在中国两千多年的封建社会中，文字狱接连不断出现。从秦始皇"焚书坑儒"始，汉、唐、宋、明各代都有重大的文字狱发生。清代前期，民族矛盾十分尖锐，清朝统治者入主中原后十分惧怕人民群众尤其是汉人的反抗，特别注重强化封建专制统治，因而文字狱在清代就表现得更为严重。据不完全统计，在号称盛世的康、雍、乾三朝的130多年内，制造的文字狱就多达数百起，其中仅乾隆四十三年（1778）至四十七年（1782）间，就有将近140

起。清代较大的文字狱有：康熙时的庄廷鑨《明史》案、戴名世《南山集》案；雍正时汪景祺《西征随笔》案，陆生楠《通鉴论》案；乾隆时胡中藻《坚磨生诗钞》案等。

清代文字狱牵涉面极广，株连者多。不仅近亲家属，是否知情，均一概"从坐"，而且凡与此有过任何直接或间接关系的人都要受到株连。往往一个案子株连数百人，牵连七八省，有的从判案到最后结案拖延达数十年。受株连者，会对其进行严酷的处罚，至少是抄家坐牢、充军为奴，大多数是杀头凌迟，甚至连死者也不放过，还要开棺戮尸，制造阴森恐怖的社会氛围。实行文字狱的结果是钳制了舆论，束缚了心智，窒息了社会进步观念的产生和传播，阻碍了学术思想和文化的繁荣兴旺，社会现实问题成为无人问津的禁区，中国人学习、借鉴世界先进文化的历程也受到严重阻碍。

八旗制度

自努尔哈赤起兵之后，力量不断壮大。为了加强对军队的管理，公元 1601 年，努尔哈赤开始创立八旗制度。八旗制是在牛录制基础上建立起来的，1 牛录为 300 人，5 牛录为 1 甲喇，5 甲喇为 1 固山，每一固山旗帜的颜色都固定。当时满洲军共有 4 个固山，旗帜分黄、白、红、蓝 4 种颜色。万历四十三年（1615），满洲军又一次扩大建制，增设镶黄、镶白、镶红、镶蓝 4 个固山，共有 8 个固山，6 万人。固山在满语中的意思是"旗"，所以八固山的建立就是"八旗制度"的开始。全体女真人都编入八旗之中，实行军政合一。每旗的首领称为"旗主"，都由诸王贝勒担任，"旗下"为一般的百姓。"旗下"平日农耕渔猎，国家有事则征召效力。在八旗制度下，旗主对旗下进行统治，努尔哈赤则高居为八旗的首领。

议政王大臣会议

"议政王大臣会议"在清朝实行了一百多年，是清政权所独有的一种执政形式。它的起源可追溯到女真氏族社会的早期。据《满文老档》万历四十三年（1615）十一月的记载："为了审理国家的事情，选出了正直贤良的大臣八员，次又选出审理官四十八，不许吃酒肴，不贪金银，以事情的是非公正判断。五日一次，集合诸贝勒大臣于衙门，对天焚香叩首，使他们相议，把事情公事的审判，定为常规。"从这段文字中可以看出当时女真人的行政方式是非常粗糙的。但各部落共同处理各项事务的会审机构已有雏形。随着金汗国的建立和统治区域的扩大，出现了议政王大臣的职衔。努尔哈赤晚年确定了八和硕贝勒共议国政的体制，"凡军国政务皆命赞决焉"。到了皇太极执政时，真正确立了宗室封爵制度，规定了亲王、郡王、贝勒、贝子等爵位，同时在议政制度中吸收了一些爵位较低的贵族，要求"每旗各设议政大臣三员"，大大降低了旗主贝勒（亲王、郡王）的支配作用，使议政制度逐步从属于皇权。

清政府入关后，虽然基本继承明朝的制度，但在朝政上起着主导的作用仍是议政王大臣会议，会议商定的决议称之为"国议"。议政王大臣们"每朝期坐中左门外会议，如坐朝仪"，而且"金议即定，虽至尊无如之何"。会议的决定，皇帝也很难将其改变。这种制度对皇权造成的压力越来越大，而且严重挫伤了汉大臣的积极性。康熙中期以后，处理政务的手段日趋成熟，他不但将参与议政王大臣的范围缩小了，而且还将会议的规格降低了。议政内容上，军国大事也让他们参与讨论，但真正的权限只限于一般性事务，如袭爵、斥革、旗民生计、婚丧礼仪等。议政王大臣会议也改称为"议政大臣会议"，权威大不如前。

雍正年间成立了军机处，以办理军国大事。所谓议政大臣逐渐变成了满洲勋臣贵胄的虚衔。乾隆五十六年（1791）弘历下谕旨："国初以来，设立议政王大臣。彼时固有议政处，是以特派王大臣承充办理。自雍正年间设立军机处之后，皆系军机大臣每日召对，承旨遵办，而满洲大学士、尚书向例俱兼议政虚衔，无应办之事，殊属有名无实，朕向来办事只崇实政，所以议政空衔着不必兼充，嗣后该部亦毋庸奏议。""议政王大臣会议"无论虚实就此全部结束。

军机处

"军机处"是清朝中后期的中枢权力机关。清初仿明代制度设立内阁，又增设"议政王大臣会议"，即"议政处"，权力在内阁和六部之上。雍正七年（1729），用兵西北，以内阁在太和门外，恐机密泄漏，始于隆宗门内设置军机房，选内阁中谨密者入值缮写，以为处理紧急军务之用。后改称"办理军机处"，简称"军机处"。军机处成立后，议政王大臣会议于乾隆五十六年（1791）废止，内阁变成只是办理例行事务的机构，军机处将办理一切机密大政。军机大臣均为皇室亲臣、朝廷重臣，总揽军、政大权，成为执政的最高国家机关。

闭关政策

清政府实行闭关政策，外国商品很难打入中国市场，主要是中国自给自足的自然经济结构对外国商品有强大的抗拒力。清政府一方面对中国人出洋贸易和居住进行严格限制，规定出洋船只的大小、型制与装载货物的品种、数量，水手客商人数及往返期限。另一方面对来华外国人的活动也加以限制，指定在广州一口通商，规定进出口货物的种类，对外国商人在中国的行动、起居制定规条，稽查防范。特别是设立行商制度，使来华的外商只能和指定的行商交易，不准和其他人往来。这种闭关政策建立在落后的自然经济的基础上，力图与外部世界隔离，以保存、维护封建主义的统治。然而清政府实行的闭关政策并不能消除或减轻外国的侵略，反而阻滞了本国对外贸易和航海事业的发展，妨碍了中国学习世界先进的思想文化和科学技术。

虎门销烟

19世纪中叶以后，以英国为首的资本主义侵略者对华鸦片走私泛滥全国，造成深重的民族灾难。为此，林则徐在 1837～1838 年任湖广总督期间，设立禁烟局，严查烟具和鸦片，大张旗鼓地禁烟，收到了很好的成效。1838 年，鸿胪寺卿黄爵滋上疏提出"重治吸食"的主张。

林则徐上疏支持，道光帝决心戒烟，派林则徐为钦差大臣，南下广东禁烟。林则徐在广东省内大力禁烟，颁布《禁烟章程十条》，严惩贩卖、吸食者 1600 多名，收缴烟土、烟膏 46 万多两，烟枪 4 万余支。同时还收缴外商鸦片 20283 箱，2119 麻袋，合计 2376254 斤。1839 年 6 月 3 日至 6 月 25 日，在虎门海滩，林则徐亲自主持了震惊中外的"虎门销烟"，将所缴鸦片用盐卤和石灰浸化的办法加以销毁。成千上万的群众观看了这一次禁烟活动，沉重地打击了英国侵略者和英美鸦片商贩的嚣张气焰。

鸦片战争

1840 年 6 月，英国以中国禁烟为借口，派出一支由 48 艘军舰、4000 名士兵组成的侵略军对中国发动侵略性的鸦片战争。由于林则徐在广东做了充分准备，侵略军为了避免在广东作战，沿海北上，转攻厦门，被邓廷桢率领的爱国官兵击退，侵略军又转攻浙江，侵占定海，继而进攻天津海口，威胁北京。昏庸无能的道光帝将林则徐撤职查办，改派主降的琦善到广州议和。琦善同英军签订了《南京条约》，答应割让香港岛赔款给英国。道光帝认为这个和约有损清朝尊严，决定对英作战，派奕山到广州主持军务。1841 年 2 月，英军再次进攻虎门。广东水师提督关天培率部奋力反抗，激战中，老将关天培壮烈牺牲，清军 400 多将士全部战死，虎门要塞落入敌手。此后，战事不断扩大，英军舰艇驶至南京下关江面，陈兵南京城下，逼迫清政府谈判。1842 年 8 月，清政府被迫同英国侵略者签订中英《南京条约》，鸦片战争结束。

太平天国

1851年1月11日，洪秀全在金田村宣布起义。同年3月23日，洪秀全在武宣东乡称天王。9月，永安被太平军攻陷，洪秀全按当初拜上帝会聚众时排的顺序，封杨秀清为东王、萧朝贵为西王、冯云山为南王、韦昌辉为北王、石达开为翼王，规定西王以下俱受东王节制。同时，颁布了《太平礼制》《天历》，进行了整饬军纪、清除内奸等工作。

太平军在永安休整半年后，1852年4月突围北上，围桂林，占全州，攻长沙，克岳州，在进军途中，萧朝贵和冯云山不幸牺牲。1853年1月，太平军攻占武汉。同年2月，太平军水师东下，陆师夹岸并进，于3月29日攻占南京，遂在南京定都，改称天京。这样，太平天国起义的旗帜从金田村传到了南京城。

天京事变

天京事变是由太平天国领导集团内部矛盾导致的一场内讧事件。公元1856年上半年，太平军继西征战场转败为胜之后，又先后攻破了威胁天京数年之久的江北、江南两大营，太平天国在军事上达到了全盛时期，与此同时，其领导集团的内部却出现了矛盾，终于导致了内讧。东王杨秀清被胜利冲昏头脑，居功自傲，一切专擅，竟于8月逼洪秀全封其为"万岁"。洪秀全表面上答应了他，暗中却密令韦昌辉、石达开等回京，寻机将杨秀清除掉。9月1日。韦昌辉率3000余人从江西秘密回京，次日晨将杨秀清及其家属杀死，并乘机把事态扩大，残杀杨秀清部众2万余人。石达开从湖北赶回北京，责备韦昌辉滥杀无辜，韦又欲杀石。石达开出走安庆，准备起兵讨韦，其家属则被韦昌辉全部杀害。11月，洪秀全处死了韦昌辉及其同伙约200人，然后召石达开回京辅政。月底，石达开抵天京，受到军民的拥护和欢迎，但洪秀全对石达开仍然感到不放心，"不授以兵事"，且加以牵制、监视。石达开遂于1857年5月底负气离京出走，并带走太平军精锐10万余人。从此，石达开走上了与太平天国公开分裂的道路，天京事变使太平天国的力量遭到严重削弱。此后，太平天国即由前期的战略进攻转变为后期的战略防御。

火烧圆明园

1856年，英国与法国分别借口"亚罗号事件"和"马神甫事件"，对中国发动了第二次鸦片战争。1857年，英法联军占领了广州。1858年5月，他们又北上天津，侵占了大沽炮台。清政府慑于列强的威势，被迫在6月分别与俄、美、英、法签订了《天津条约》。一年后，中国和英、法之间交换《天津条约》文本的时候，英、法两国军队再次北上，他们拒绝了清政府规定的由北塘进京的路线而去进攻大沽，被驻守大沽的清军给予坚决的回击。8月，英法联军再次进攻大沽得手后，马上向通州进发。在通州，他们与中方的谈判破裂。10月5日，英法联军借口中方扣押了他们的人，开始对北京城发动进攻。清军在战斗中节节败退，侵略者更加有恃无恐。10月6日，他们闯进了圆明园这座艺术宫殿。面对无数的珍奇财宝，英、法军官率先抢劫，然后又纵兵自由掠夺。劫后的圆明园面目全非，能拿走的东西都被侵略者拿走了，拿不动的都被侵略者毁掉了。为了掩盖他们的邪恶行径，侵略者在6日和8日两次焚烧了圆明园，大火延续了几个日夜。这个凝聚了中国人民一百多年的血汗、综合中西建筑艺术、聚集古今艺术品的壮丽宫殿和皇家园林成为废墟。

洋务运动

公元1861年（咸丰十一年），曾国藩设立安庆内军械所。这一小型军工厂的设立，标志着长达30多年（19世纪60年代至90年代）的洋务运动开始兴起。

洋务是泛指与西方资本主义国家有关的一切事务，诸如外交、通商、传教以及输入武器、机器和科学技术等。洋务运动中所兴办的"洋务"，则专指引进西洋武备、机器生产和科学技术等，从事上述活动的官员被称为"洋务派"。洋务派在地方官吏中以两江总督曾国藩、闽浙总督左宗棠、直隶总督李鸿章以及后起的湖广总督张之洞等为代表；在中央官吏中以总理衙门大臣恭亲王奕䜣、大学士桂良、户部侍郎文祥等为代表。他们继承了林则徐、魏源的"师夷长技以制夷"的思想，以"中学为体，西学为用"为宗旨，逐步形成举办洋务的热潮。

　　洋务运动最早是在"自强"的口号下，从编练新式海陆军和兴办近代军事工业开始的。从 19 世纪 70 年代开始，洋务派又在"求富"的口号下，着手兴办民用企业。此外，从 1862 年起，洋务派先后设立近代学校 20 多所，招收学生学习外国语和近代科学技术，以此来培养更多的科学技术人才。从 1872 年至 1886 年，清政府还派遣了近 200 名留学生到欧美国家去学习，其中最著名的有詹天佑、严复等。洋务运动创办了第一批中国自办的近代军事工业、煤矿、纺织厂；建立了第一代中国海军；开办了第一批近代学校，派遣了第一批留学生；它引进了西方的生产技术，使西方的科学文化得以广泛传播，培养了一批技术人才，促进了商品经济的发展，加速了封建自然经济的解体，客观上为民族资产阶级的形成提供了一定的条件。

甲午海战

　　1894 年春，朝鲜爆发了东学党起义，朝鲜国王赶忙向清政府求助。在清政府派叶志超率军进入朝鲜后，日本也趁机派兵在朝鲜仁川登陆，并很快将汉城占领。东学党起义被镇压后，清政府建议中日两国同时撤出朝鲜，遭到日本的蛮横拒绝。日本政府借口要帮助朝鲜政府改革内政，继续增兵，人数大大超过了清军。7 月 23 日，日军将朝鲜国王俘虏，扶植了傀儡政权。7 月 25 日，日本海军突然袭击牙山口外丰岛海面附近的清军船舰。没过多久，又对牙山附近的清军发动攻击，挑起了战争。8 月 1 日，清政府被迫宣战，甲午中日战争爆发。

　　光绪二十年（1894）8 月 13 日，在李鸿章的命令下，招商局用轮船五艘运兵 12 营前往增援平壤清军，北洋水师提督丁汝昌率"定远号"等 16 艘北洋舰艇护航，于 18 日午返航途中，被日本海军中将伊东亨率领的"松岛号"等 12 艘日舰袭击，丁汝昌果断下令迎战。在战斗中，日舰利用航速快、炮位多的优势，在新式战舰"吉野号"的带领下，避开北洋舰队"定远"、"镇远"两主力舰，绕到后侧攻击两翼小舰，以首炮狂轰定、镇两舰背面，将北洋舰队的战略队打乱，使其陷于被动。丁汝昌负伤后，仍然坚持在指挥线上指挥旗舰"定远号"炮击敌船；"致远号"管带邓世昌看见军舰重创，已经没有了战斗力，于是命令开足马力向"吉野号"撞去，要与之同归于尽，不幸被鱼雷击沉，全舰官兵250多人壮烈牺牲。这场战斗共持续5个小时。北洋舰队战舰损失5艘，死伤官兵1000余人，日舰损失战舰数艘，死伤600余人。

甲午陆战

1894年7月，日军侵略朝鲜，左宝贵奉命率军进驻平壤。在攻守问题上，左宝贵态度非常坚决，主张予以回击。8月初，他准备南下与进驻牙山的叶志超、聂士成部联合行动，对敌人进行南北夹击，但因叶志超部战败而计划落空。9月初，左宝贵集合马步15营共7000人分左、中、右三路向平壤南日军出击，集中3000人向平壤北日军出击，以优势兵力将敌人各个击破。但叶志超探闻一部日军进攻平壤后路，急将南北出击部队召回，遂丧失了主动进攻敌人的有利战机。日军畅行无阻，很快便将平壤包围了。少数清军将领贪生怕死，见敌人来势汹汹，主张弃城逃走。左宝贵慷慨陈词，表示与平壤共存亡的决心。

9月15日凌晨，日军对平壤发起总攻，平壤保卫战正式开始。为表示死守平壤的决心，左宝贵"遵回礼，先期沐浴，誓临阵死节"。会战期间，左宝贵亲自至城上指挥战斗。平壤城北的牡丹台、玄武门一线是日军的主攻方向。清军在玄武门外共修五处堡垒。内层为牡丹台，牡丹台外围构筑四处堡垒。在日军炮火的猛攻下，四处外垒纷纷落入日军之手。日军从东、北、西三面包抄牡丹台，并集中全部炮火，攻克了牡丹台。正在玄武门指挥作战的左宝贵，见牡丹台失守，"乃衣御赐衣冠，登陴督战"。营官杨某见城上危险，欲挽宝贵下城，宝贵击以掌，并亲燃大炮向敌军轰击。部下受到激励，拼死抗击，给日军以巨大杀伤。正酣战间，忽飞来一炮弹，宝贵肋部受伤，不退，裹创再战，血染战衣。没过多久，又一弹飞至，宝贵中弹倒地，被抬下城就英勇就义了。日军占领了玄武门，清军从此溃败。

戊戌变法

1898 年（农历戊戌年）以康有为为首的改良主义者通过光绪皇帝所进行的资产阶级政治改革，是中国清朝光绪年间（1898）的一项政治改革运动。主要内容是：学习西方，提倡科学文化，改革政治、教育制度，发展农、工、商业等。这次运动遭到以慈禧太后为首的守旧派的强烈反对，这年 9 月慈禧太后等发动政变，光绪被囚，维新派康有为梁启超分别逃往法国和日本。谭嗣同等 6 人（戊戌六君子）被杀害，历时仅 103 天的变法终于失败。因此戊戌变法也叫百日维新。

义和团运动

甲午中日战争以后，帝国主义强占"租借地"和划分"势力范围"，掀起了瓜分中国的狂潮，中国的民族危机空前严重。随着帝国主义政治经济侵略的深入，外国传教士的活动也越来越猖狂，他们与地方官吏狼狈为奸，相互勾结，到处欺压人民，清政府又采取反动的"扶教抑民"政策，因此，各地反教会运动汹涌澎湃。这个时期受害最严重的是山东，甲午中日战争期间山东遭到日寇的蹂躏，战后德国强租胶州湾，英国强租威海卫。中华民族与帝国主义的矛盾达到十分尖锐的程度。1899 年，终于在山东酿成大规模的反对帝国主义的义和团运动。

义和团原名义和拳，是山东、河南、直隶一带的"反清复明"的民间秘密组织，参加者主要是贫苦农民，随着帝国主义侵略的加深，义和拳开始将打击的矛头指向帝国主义。1899 年，山东清平县义和拳改名为义和团。同年夏天，清政府改变了以往对义和拳围剿打击的政策，变为抚剿兼施。毓贤接任山东巡抚后，建议朝廷承认义和拳为合法民间团练，将义和拳正式改名为义和团。从此以后，义和团得到了合法承认，各地义和拳也先后改称义和团。毓贤对义和团的宽容招抚政策，使山东义和团很快发展壮大，团众四处攻打教堂，驱逐教士，与同教士狼狈为奸的地方官员作对。1899 年秋，山东省平原县义和团在朱红灯领导下率先举起了"兴清灭洋"的大旗。此后"顺清灭洋"、"保清灭洋"、"扶清灭洋"等口号都逐渐出现，后来大都统一为"扶清灭洋"。袁世凯任山东巡抚后，残酷地镇压了义和团运动，山东义和团向北迁移。到 1900 年夏天，义和团在北京、天津地区迅速发展，东北、山西、内蒙古、河南等地都爆发了义和团运动。6 月下旬，八国联军向中国发起进攻，仓皇出逃的慈禧太后为了向洋人"求饶"，下令清剿义和团，义和团运动随之失败。

曾国藩

1811 年，曾国藩出生在湖南省湘乡（今湖南双峰）的一个地主家庭，祖辈务农，生活颇为富裕。曾国藩自幼天资聪颖，勤奋好学。他 6 岁进私塾读书，8 岁便能读八股文，诵读《五经》，14 岁时就已熟读《周礼》《史记》等，21 岁便考中了秀才。

1838 年，28 岁的曾国藩终于考中进士，从此踏上仕途，并成为军机大臣穆彰阿的得意门生。仕途十年，他一步一步从翰林院庶吉士，文渊阁直阁事，内阁学士，稽查中书科事务，礼部侍郎及署兵部、工部、刑部、吏部侍郎等，逐渐从七品升到二品，可谓官运亨通。

咸丰元年（1851 年），太平天国起义爆发，声势浩大，对清朝统治构成了严重的威胁。曾国藩仿效明朝戚继光，建立了一支以湖南人为主体的地方武装力量——湘军，包括陆军 13 营、水师 10 营，加上勤杂人员共 1.7 万余人的湘军，担负起了剿灭太平天国的重任。1864 年 7 月 19 日，湘军攻陷天京（今南京），中国历史上规模最大的农民起义被镇压了。曾国藩也为此被封为一等毅勇侯，成为清代文人封武侯的第一人，加太子太傅、兵部尚书衔，又历任两江总督、直隶总督，可谓权倾一时。

曾国藩在政治、经济、文化、军事等方面都对大清乃至今日都产生了巨大而深远的影响。

他是中国洋务运动的最早发起者之一，被人称作"洋务之父"、"近代化之父"。

曾国藩毕生追求立德、立功、立言的至高精神境界，他以一个书生从克己、修身、齐家、治国、平天下的伟大实践中实现了报国的伟大愿望，在大清王朝由盛转衰的时刻，力挽狂澜，让清朝一度出现了中兴的局面。尽管后世因为曾国藩曾犯下了一些不可饶恕的罪过，而对他褒贬不一，但总体来讲，他仍然不失为一个有作为的地主阶级政治家。

李鸿章

李鸿章出生在一个地主家庭，世代以耕读为业。道光二十四年（1844），李鸿章中安徽乡榜，1847年，中进士，受翰林院庶吉士。

咸丰二年（1852），洪秀全领导太平军起义，攻陷武汉。咸丰三年（1853），李鸿章奉命与吕贤基回籍练乡勇，随后，他加入到曾国藩的幕府办事。曾国藩大力支持李鸿章编练淮军，镇压太平军和捻军，升任江苏巡抚、两江总督，最终形成淮军军阀。同治九年（1870），李鸿章继任曾国藩的直隶总督的职务，又兼任北洋大臣，掌握了大清的外交、政治、经济大权长达30年之久，是晚清举足轻重的实权人物，并曾多次代表清政府与英、法、俄、日等帝国主义列强进行议和。

光绪二十七年（1901）九月病逝。死后，清政府将其晋封为一等侯爵，谥文忠。

李鸿章是我国近代史上一个有着重大影响的人物，其是非功过，可谓毁誉参半。前期的李鸿章残忍地镇压太平天国运动，置人民的生死于不顾，他的顶戴花翎沾满了人民的鲜血。

到了后期，李鸿章越发位高权重，成了主宰全国政局的关键人物。因此，评价其是非功过也应以后期为主。在后期，李鸿章对于中国的影响集中反映在了两件事上。一是兴办洋务，筹办海军；一是办理外交，力撑危局。

李鸿章从"自强……求富"的目的出发，兴办洋务，开启了我国近代资本主义民族工业的大门，同时对西方科学文明的传播也具有重大的意义。但他对帝国主义列强一味退让，签订了一系列不平等条约，使中国的殖民地、半殖民地程度大大加深，给中华民族带来了深重的灾难。因此，作为中国洋务运动的先驱，对外交往的奠基者，李鸿章的一生在生前死后都备受争议。

慈　禧

慈禧本姓叶赫那拉，1835年生，为满洲镶黄旗人，叶赫家族是满洲八大世家之一，地位和权势都极为显赫。入宫后，为咸丰帝的妃子，由于她聪明伶俐，善解人意，咸丰帝对其十分宠爱，封为懿贵妃。

咸丰十一年（1861），咸丰帝去世，同治即位，叶赫那拉氏被封为慈禧皇太后。咸丰帝临终前，为了不让大权旁落，任命八位顾命大臣"赞襄政务"，以相互牵制。但尽管其设计周全，但八位顾命大臣仍旧企图控制谕旨的颁发。听到消息后，27岁的慈禧迅速从热河赶回京城，联络皇后钮祜禄氏、太监安德海等人，组成后妃势力集团，又联合恭亲王奕䜣果断发动了"辛酉政变"，一举推翻了八大臣辅政的制度，改由两宫皇太后垂帘听政。

慈禧听政之初，恰逢太平天国起义爆发。慈禧为了保住自己的权势和地位，对外向侵略者让步，对内残酷地镇压了太平天国、捻军和其他各族人民的起义。之后，她利用清流党的力量牵制了恭亲王的权力，然后又巧妙地利用侍读学士蔡寿祺的劾疏，罢免了奕䜣议政王的职位，随后，又将诸军机大臣全部换掉。解除了奕䜣的限制后，慈禧就迅速将显赫一时的清流党肃清殆尽。但心狠手辣的慈禧仍旧不肯罢休，最后，用毒饼毒死了慈安太后，扫清了她独揽大权的最后一道障碍，从此，独掌朝政。

慈禧是个嗜权如命的人，当国家民族利益与她个人的权力发生冲突时，她绝对不肯为了国家和民族的利益而牺牲自己的一点点权益。中法战争后，中国海军急需整顿和建设，但她却拿了海军经费修建颐和园；甲午战争时，清政府竟然没钱备战，原因是要筹备她的六十大寿；面对八国联军，她坦然签订丧权辱国的《辛丑条约》，条件是列强要继续承认她的统治地位。

1908年，光绪帝死后，慈禧立幼主溥仪为帝。不久，慈禧病逝于颐和园，临终前，仍旧紧紧握着大清帝国的最高权力。

曹雪芹写《红楼梦》

1715 年前后，曹雪芹出生在南京显赫一时的贵族世家。曹雪芹的先祖原为汉人，后来加入满洲正白旗"包衣"，即内务府籍。曹家在康熙年间开始走向兴盛。幼年的曹雪芹过着锦衣玉食的贵族生活。祖父曹寅能诗、词、戏曲，是当时的名士，又是有名的藏书家，给年幼的曹雪芹展现了一个广阔的知识海洋。

曹寅死后，曹颙、曹𫖯相继世袭职位。康熙驾崩后，曹家被新皇党列为政敌。雍正五年（1727），曹雪芹的父亲曹𫖯因为接连出错，以"行为不端"和"亏空"等罪名被雍正处以罢官、抄家的处罚。从此，曹家家道开始衰落，全家北返。大约在乾隆元年（1736），曹家稍有复苏，但很快又在 1738 年卷入了皇室斗争的旋涡之中，从此一蹶不振。

大约 40 岁左右，曹雪芹移居到北京西山的一个小荒村里。由于他的傲岸不驯，他被开除了内务府籍，连一点微薄的生活补助也被切断了，生活更加困顿，只能靠朋友的接济和卖画为生。也是在这个时候，曹雪芹对社会上的黑暗与腐朽有了更加全面而深刻的认识，对统治阶级的不满和反抗越来越强烈。于是，在"悼红轩"中开始了长达 10 年时间的《石头记》（即《红楼梦》）的创作。他将自己所有的心血，所有的感情，所有的美好和落魄都融入到了《红楼梦》里。

乾隆二十九年（1763）秋，北京流行天花，曹雪芹唯一的儿子染病而亡。多年的辛酸和爱子的夭折让傲骨铮铮的曹雪芹一病不起，最后带着"孤儿渺漠魂应逐，新妇飘零目岂瞑"的肝肠寸断的感慨在除夕之夜搁笔长逝了，留下了一部未完成的《红楼梦》书稿，让后世无从品评。

尽管曹雪芹的《红楼梦》只写到了前八十回，但就其博大深刻的思想性和精致完美的艺术性都将这部旷世奇作推到了中国古典小说的巅峰。在思想上，他凭借自己的经验和智慧对封建的腐朽统治做了无情的鞭挞。

第十九章　民主与新生

辛亥革命

1911 年爆发了以武昌起义为代表的一系列推翻清朝统治的武装起义。因为 1911 年是中国农历的辛亥年，所以称之为"辛亥革命"。1911年春夏之交的黄花岗起义、四川保路运动沉重地打击了清政府。同年 9月，文学会和共进会的革命党人在武昌宣传革命，为起义做准备。由于反动势力的破坏，革命党人决定提前于 10 月 10 日晚发动起义，在这次起义中，广大新军士兵一举解放了武汉三镇。随后，各省相继发起武装起义，纷纷宣告独立。1912 年 3 月，革命党人逼溥仪退位，推翻了统治中国 300 年的清政府。

黄花岗七十二烈士

1910 年 11 月 13 日，孙中山在庇能（今马来西亚槟榔屿）召集黄兴、赵声、胡汉民和海外与东南各省的代表举行秘密会议。会议决定召集同盟会精英，发动广州起义。

1911 年 1 月，黄兴与赵声在香港成立起义领导机关"统筹部"，正副部长分别是黄兴和赵声，负责领导起义。除了分派革命党人前往长江流域联络革命团体响应外，并着手在广州设立办事、联络、藏军械以及制炸药的秘密据点 30 多处。并且发动广州新军、防营、巡警、南海与惠州等地会党参加起义。他们全以同盟会会员为骨干，从而组织成一支 800 人的敢死队，并计划分 10 路向广州进攻。原定起义时间为4 月 13 日，由于同盟会员温生才 8 日单独行动，枪杀广州将军孚琦，省城戒严，起义没能按原定时间发动。4 月 23 日，黄兴由香港潜入广州建立起义指挥部，并决定将起义时间定在 4 月 27 日。27 日下午 5 时30 分，黄兴率林时爽、方声洞、林觉民、朱执信等敢死队 120 余人，攻入两广总督衙门，当时总督张鸣岐已经逃走。黄兴于是率众焚烧督署后冲杀出来，并与水师提督李准的卫队发生十分激烈的巷战。他右手断两指依然坚持指挥，最终只剩下 1 人避入一家小店，改装出城。

·　这次起义因未广泛发动群众，加上陈炯明以及姚雨平没有率部及时响应，从而导致起义失败，参加起义的人大多数已经牺牲，其中包括林时爽、林觉民、方声洞、喻培伦等。事后，由善堂殓收 72 具烈士遗骸，合葬在广州城外东北郊红花岗。同盟会员潘达微认为"红花"虽艳，却不如"黄花"斗霜傲雪，觉得"黄花"之风骨更能表现烈士精神，遂改名黄花岗。"黄花岗七十二烈士"由此而来。

中华民国成立

武昌起义后一个多月，湖南、陕西、江西、山西、云南、上海、江苏、贵州、安徽、浙江、广西、广东、福建、四川等省区先后宣布独立，清王朝的统治呈现土崩瓦解之势。12 月 2 日革命军攻占南京，长江上下游革命势力连为一气，南方各省均告光复。湖北和上海军政府都倡议组织临时中央政府。11 月 30 日，各省代表会议在汉口英租界召开，决定在临时政府未能成立之前，由湖北军政府代行中央政府职权，并通过了《中华民国临时政府组织大纲》。代表会议还决定临时政府设在南京，在南京召开大总统选举会。经过反复协商，革命党领导人多主张推举刚刚从海外归来的孙中山为临时大总统。12 月 29 日，十七省代表在南京选举临时大总统，每省一票，孙中山以 16 票当选。1912 年元旦，孙中山宣誓就职，定国号为中华民国，改用阳历，以1912 年为民国元年，以五色旗为国旗。

新文化运动

新文化运动为 20 世纪早期中国文化界中，由一群受过西方教育的人为核心发起的一次革新运动。1919 年 5 月 4 日前夕，陈独秀在其主编的《新青年》刊载文章，提倡民主与科学（德先生与赛先生），批判传统纯正的中国文化，并传播马克思主义思想；一方面，以胡适为代表的温和派，则反对马克思主义，支持白话文运动，主张以实用主义代替儒家学说，即为新文化运动滥觞。在这一时期，陈独秀、胡适、鲁迅等人成为新文化运动的核心人物，这一运动并成为五四运动的先导。

五四运动

从 1919 年初开始，第一次世界大战的战胜国在法国巴黎召开"和平会议"。4 月底，和会在英、美、法等帝国主义国家操纵下，悍然决定将战前德国在中国山东攫取的一切权益转交给日本。消息传来，立即在中国人民中，首先在知识界和青年学生中激起强烈的愤慨。5 月 4 日，北京 13 所大专学校学生 3000 余人在天安门前集会，并举行示威游行，高呼"外争主权，内除国贼"、"取消二十一条"、"还我青岛"等口号，主张拒签《巴黎和约》、惩办北洋军阀政府的亲日派官僚曹汝霖、章宗祥、陆宗舆。北洋军阀政府出动军警镇压，逮捕示威群众 32 人。5 月 5 日，北京学生宣布总罢课，并通电全国，各地学生纷纷罢课响应。在五四爱国运动中，陈独秀、李大钊始终同进步社团和青年保持密切联系，并在报刊上发表文章，及时指导和推动运动的发展。6 月 3 日和 4 日，北洋军阀政府连续逮捕大批上街演讲的爱国学生，激起全国各界的义愤。从 6 月 5 日起，上海工人自动举行声援学生的罢工，数日内达到高潮。参加罢工的人多达十余万人。同时，商人罢市，学生罢课，上海出现"三罢"高潮，随后，罢工浪潮迅速扩展到全国 20 多个省区、100 多个城市。中国工人阶级以前所未有的规模参加反对帝国主义和北洋军阀政府的政治斗争，表明它开始以独立的姿态登上政治舞台。五四爱国运动突破了学生、知识分子的狭小范围，形成以工人为主力、有小资产阶级和资产阶级及其他市民群众广泛参加的全国规模的群众反帝爱国运动。慑于群众斗争的巨大威力，北洋军阀政府不得不于 6 月间释放被捕学生，免除曹、章、陆的职务。6 月 28 日中国代表拒绝在《巴黎和约》上签字，五四爱国运动取得胜利。五四爱国运动标志着中国新民主主义革命的伟大开端。五四爱国运动在思想上和干部上为中国共产党的成立作了准备。

中国共产党诞生

中国共产党第一次全国代表大会于 1921 年 7 月 23 日召开，而党的诞生纪念日是 7 月 1 日。

1921 年 7 月 23 日，中国共产党第一次全国代表大会在上海举行。参加会议的各地代表有：李达、李汉俊、张国焘、刘仁静、毛泽东、何叔衡、王尽美、邓恩铭、陈潭秋、董必武、周佛海、陈公博，包惠僧受陈独秀派遣参加了会议。他们代表着全国 50 多名党员。共产国际代表马林和尼科尔斯基列席了会议。在会议进行过程中，突然有法租界巡捕闯进了会场，会议被迫中断。于是，最后一天的会议，便转到了浙江嘉兴南湖的一艘游艇上举行。经过讨论，大会通过了中国共产党的第一个纲领和决议，并选举产生党的领导机构——中央局。

党的一大宣告了中国共产党的正式成立。

北伐战争

辛亥革命后，北洋政府腐败无能，军阀内部派系林立，军阀割据一方。广大人民生活在水深火热之中。1924 年，在中国共产党的努力下，国共两党形成了统一战线。1926 年 2 月，中共中央在北京举行特别会议，明确指出党在目前的主要任务是推动广东革命势力向北发展。为了实现国家统一，结束军阀割据的局面，1926 年 7 月 9 日，广东国民政府领导的国民革命军十万人正式出师北伐。北伐战争是在中国共产党提出的"反对帝国主义，反对军阀"的口号下进行的。在北伐进军的过程中，中国共产党人在军队、政治工作以及发动工农群众方面作出了巨大贡献。

北伐战争沉重地打击了帝国主义和北洋军阀在中国的统治，基本消灭了北洋军阀，为以后中国新民主主义革命的发展开辟了道路。

井冈山会师

1927 年 10 月，毛泽东率领工农革命军上了井冈山，创建了以宁冈为中心的井冈山革命根据地。1928 年 1 月，朱德、陈毅率领南昌起义保存下来的部分队伍，来到了湘南地区。在中共湘南特委和当地农民军的组织领导和配合下，发动了湘南武装起义。3 月，在永兴成立了湘南苏维埃政府。3 月底，由于湘、桂、粤军的三路"协剿"，起义军难以在湘南立足。为保存革命力量，除留一部分武装继续坚持斗争外，朱德、陈毅率南昌起义部

队和农军向湘赣边界的井冈山转移。3 月下旬，毛泽东率部队在汝城一带击溃了尾追湘南起义的敌军，4 月在酃县十都与朱德见面。在毛泽东率部的掩护下，朱德、陈毅率领的部队于 4 月中旬抵达江西省宁冈县的碧市，与毛泽东统率的井冈山部队胜利会师，5 月 4 日，在砻市广场举行会师大会，正式宣布工农革命军第四军的建立（不久改称红军第四军）。井冈山会师，壮大了井冈山的革命武装力量，对巩固扩大全国第一个农村革命根据地，推动全国革命事业的发展，具有深远的意义。

九一八事变

1931 年 9 月 18 日，日本制造"柳条湖事件"，发动了对中国东北的侵略战争。

当晚 10 时许，日本关东军岛本大队川岛中队河本末守中尉率部下数人，在沈阳北大营南约 800 米的柳条湖附近，将南满铁路一段路轨炸毁，称是中国军队破坏铁路。日军独立守备队第二大队即向中国东北军驻地北大营发动进攻。次日晨 4 时许，日军独立守备队第五大队从铁岭到达北大营加入战斗。5 时半，东北军第七旅退到沈阳东山嘴子，日军占领北大营。战斗中东北军伤亡 300 余人，日军伤亡 24 人。这就是震惊中外的九一八事变。

西安事变

西安事变，又称双十二事变。1935 年以后红军经长征达到陕北，在陕甘根据地站稳了脚跟，成为国民党的威胁。因此蒋介石多次严令当时任职西北剿匪副总司令、东北军领袖张学良和当时任职国民革命军第十七路总指挥、西北军领袖杨虎城围剿红军。而张杨二人认识到日本是中国最大的敌人后，并不积极围剿红军，而且前几次围剿都打了败仗，所以对蒋介石的命令总是阳奉阴违。因此 1936 年 12 月蒋介石亲自前往西安督师。张杨趁机苦谏，联共抗日，但被委员长训斥。后二人不得已于 1936 年 12 月 12 日，在西安发动兵谏，软禁蒋介石，逼蒋抗日，形势非常紧张。国内亲日派分子上蹿下跳，美英派则积极斡旋，战和命系一线。在中共的积极努力下，西安事变最终以蒋中正被迫接受停止剿共一致抗日的主张，张学良亲自送蒋介石回南京但遭软禁而结束。但是此后国共内战大体停止，第二次国共合作也初步形成。

抗日战争

1937 年 7 月 7 日夜，日本侵略军在北平西南的卢沟桥附近，以军事演习为名，突然向当地中国驻军第 29 军发动进攻，第 29 军奋起抵抗。中国抗日战争从此开始。8 月 13 日，日军又进攻上海，同样遭到中国守军的顽强抵抗。至此，中国结束了对日本侵略者步步退让的不正常状况，开始了有组织的全面抗战。中国共产党面对民族危亡的严重形势，率先摒弃前嫌，主张国共停止内战，一致对外，共同挽救中华民族危机。1935 年 8 月 1 日，中国共产党发表了《八一宣言》，提出建立抗日民族统一战线的主张，并就此同国民党进行了多次谈判。1937 年 8 月，中共中央在陕北洛川召开政治局扩大会议，通过了《抗日救国十大纲领》，作为领导全国人民争取抗战胜利的根本方针。在中国共产党的倡议和督促下，1937 年 9 月，国共两党抗日民族统一战线正式宣告成立。

经过八年的艰苦抗战，1945 年 8 月 15 日正午，日本裕仁天皇通过广播发表《终战诏书》，宣布无条件投降。

台儿庄会战

　　日本侵略军 1937 年 12 月 13 日和 27 日相继占领南京、济南后，为了迅速实现灭亡中国的侵略计划，连贯南北战场，决定以南京、济南为基地，从南北两端沿津浦铁路夹击徐州。台儿庄是徐州的门户，它位于徐州东北 30 千米的大运河北岸，临城至赵墩的铁路支线上，北连津浦路，南接陇海线，扼守运河的咽喉，是日军夹击徐州的首争之地。1938 年 3 月 23 日，濑谷支队主力沿台枣支线向台儿庄阵地突进。此时，第五战区为确保台儿庄阵地，以拱卫徐州，进行了部署调整。24日，濑谷支队向台儿庄发起进攻，与中国守军第 2 集团军第 31 师展开激战。日军一部突入东北角，被守军击退。27 日，濑谷支队主力一部突入北门，第 31 师与敌展开拉锯战，守军伤亡甚重。28 日，突入台儿庄的日军被第 31 师围攻，敌方损失甚重。29 日，日军第十师团长命濑谷支队迅速击败台儿庄附近守军，同日，在徐州督战的蒋介石也下达了死守台儿庄的命令，命令说"如果失守，不特全体官兵应加重惩，即李长官、白副参谋总长、林次长亦有处分"。第五战区司令长官李宗仁遂令第 2 集团军死守台儿庄阵地，并再次严令庞炳勋部南下，协助第 2 集团军解决台儿庄之敌。至 31 日，中国军队将进入台儿庄敌人完全包围。4 月 3 日，中国军队向日本侵略军发起攻击。日军拼力争夺，占领了市街大部。中国军队一次又一次反击，展开街垒战，夺回被日军占领的市街，双方陷入苦战。6 日晚，中国军队全线攻击，围歼被围之濑谷支队。战至 7 日凌晨，除一部日军突围至峰县附近固守待援外，被围之敌人全部被歼。台儿庄战役在历时半个月的激战中，中国军队付出了巨大牺牲，参战部队 4.6 万人，伤亡失踪 7500 人。在中国军队的英勇抗击下，共歼日军 1 万余人。此次战役是继平型关大捷之后全国抗战的又一重大胜利，沉重地打击了日本侵略者的嚣张气焰，鼓舞了全国军民坚持抗战的斗志。

百团大战

　　1940 年 8 月 20 日夜，晋察冀军区第 129、第 120 师在八路军总部统一指挥下，发动了以破袭石太铁路（石家庄至太原）为重点的战役。

战役发起第 3 天，参战部队已达 105 个团，故称"百团大战"。百团大战是抗日战争相持阶段八路军在华北地区发动的一次规模最大、持续时间最长的战役。

第一阶段（8 月 20 日至 9 月 10 日）：八路军在石太、同蒲、平汉、津浦等主要交通线发动总攻击，重点破坏了正太铁路。经过 20 天的战斗，预定计划全部完成。正太铁路线的路轨、桥梁、隧道、水塔、车站等均被破坏；平汉、同蒲（北段）、石德、北宁铁路以及主要公路也被切断；华北各交通线陷于瘫痪。第二阶段（9 月 22 日至 10 月上旬）：任务是继续扩大战果，摧毁交通线两侧和深入各抗日根据地的敌伪据点。在这段时间里，我晋察冀军区主要进行了涞灵战役，第 129 师主要进行了榆辽战役，第 120 师主要破袭了同蒲路。在这些战斗中，八路军给敌人以沉重打击；但是，我军计划要拔除的敌据点未能全部拔除。第三阶段（10 月 6 日至翌年 1 月 24 日），主要任务是反击日伪军的报复扫荡。在这段时间里，八路军先后粉碎了日伪军对太行、太岳、平西、北岳、晋西北等抗日根据地的大规模扫荡。百团大战历时 5 个多月。从 8 月 20 日至 12 月 5 日的 3 个半月中，八路军共进行大小战斗 1824 次，共计毙、伤、俘和投诚日伪军达 46480 人。其中包括：毙、伤日军 20645 人，伪军 5155 人；俘虏日军 281 人，伪军 18407 人；日军自动携械投诚者 47 人，伪军 1845 人。同时，缴获各种枪 5942 支（挺），各种炮 53 门；破坏铁路 474 千米，公路 1502 千米，桥梁 213 座，火车站 37 个，隧道 11 个，破坏煤矿 5 个，仓库 11 所。此外，还缴获和破坏其大量军用物资。百团大战粉碎了日军的"囚笼政策"，推迟了日军的南进步伐，增强了全国军民取得抗战胜利的信心，提高了中国共产党和八路军的声望。

解放战争

1945 年 8 月，中国人民迎来了抗日战争的胜利。中国共产党根据全国人民和平建国的迫切愿望，同国民党统治集团在重庆进行和平谈判，努力避免内战，实现国内和平，并试图通过和平的方式实现中国的社会改革。1945 年 10 月 10 日国共双方签订了《双十协定》。1946 年 1 月 10 日签订了《停战协定》。但以蒋介石为首的国民党统治集团，却在虚假地与中国共产党进行和平谈判的同时，积极进行内战的准备。

1946 年 6 月底，在美帝国主义的支持下，国民党反动派撕毁停战协定和政协决议，悍然对解放区发动全面进攻。中国共产党领导解放区军民英勇地进行自卫，开始了伟大的人民解放战争。

从 1946 年 6 月至 1947 年 6 月，人民解放军处于战略防御阶段。战争主要在解放区进行。中国共产党制定了放手发动群众，调动一切积极因素，团结一切可以团结的力量，建立最广泛的民主统一战线的政治方针，以及集中优势兵力，各个歼灭敌人，以消灭敌人有生力量为主要目标的军事方针。人民解放军在这些正确方针的指导下，前 8 个月粉碎了国民党的全面进攻，后 4 个月努力打破国民党的重点进攻。同时，在中国共产党的领导下，国民党统治区人民反饥饿、反内战、反迫害的民主爱国运动也逐步高涨，形成了反对蒋介石反动统治的第二条战线，使蒋介石处于全国人民的包围之中。

从 1947 年 7 月起，人民解放军由战略防御转入战略进攻，以主力打到外线去，将战争引向国民党统治区，在外线大量歼敌，迅速改变了敌我力量的对比。与此同时，在解放区彻底实行了土地改革，开展了整党和新式整军运动。从 1948 年 9 月至 1949 年 1 月人民解放军先后进行了辽沈、淮海、平津三大战役，基本上歼灭了国民党军主力，解放了长江中下游以北的地区。1949 年 3 月中共中央在西柏坡召开七届二中全会，决定了党对取得全国胜利以及在全国胜利以后的基本政策，批准了毛泽东主席关于以八项条件作为与南京政府进行和平谈判的基础的声明。为了早日结束战争，4 月 1 日，以周恩来为首席代表的中国共产党代表团同以张治中为首席代表的国民党政府代表团在北平开始举行谈判。4 月 15 日，中共代表团将《国内和平协定最后修正案》送交国民党政府代表团，但是在南京的国民党政府拒绝接受这个协定，谈判宣告破裂。由于国民党政府拒绝签订国内和平协定，1949 年 4 月 21 日，毛泽东、朱德发布了向全国进军的命令。由总前委书记邓小平统一指挥的第二、第三野战军（原中原野战军和华东野战军）发起渡江战役，一举摧毁了国民党军的“长江防线”。4 月 23 日解放军占领了南京宣告了延续 22 年的国民党反动统治的覆灭。随后，人民解放军各路大军继续向中南、西北、西南各省举行胜利大进军，分别以战斗方式或和平方式，迅速解决残余敌人，解放广大国土。到 1949 年 9 月底，除西南和广东、广西地区外，全国大陆绝大部分地区获得解放。国民党蒋介石集团终于被人民赶出中国大陆。

从 1946 年 7 月至 1949 年 9 月，人民解放军在 3 年多的解放战争中，共歼灭国民党军 625 万余人，摧毁了国民党各级反动政权，从根本上推翻了帝国主义、封建主义和官僚资本主义在中国的统治。1949 年 10 月 1 日，中华人民共和国宣告成立。

中华人民共和国成立

1949 年 10 月 1 日下午 2 时，毛泽东主持的中央人民政府委员会在首都北京举行第一次全体会议。中央人民政府主席、副主席、委员全体出席会议，宣布就职。会议一致决议：宣布中华人民共和国中央人民政府成立；接受中国人民政治协商会议《共同纲领》为政府施政纲领，选举林伯渠为中央人民政府委员会秘书长；任命周恩来为中央人民政府政务院总理兼外交部长，毛泽东为中央人民政府人民革命军事委员会主席，朱德为中国人民解放军总司令，沈钧儒为中

央人民政府最高人民法院院长，罗荣桓为中央人民政府最高人民检察署检察长，并责成他们迅速组成政府机关推行各项工作。下午 3 时，北京 30 万军民在天安门广场举行集会，庆祝中华人民共和国中央人民政府成立。林伯渠宣布典礼开始，主席、副主席和委员们在天安门城楼上就位，毛泽东主席宣布："中华人民共和国中央人民政府在今天成立了。"在国歌声中，毛泽东亲自按动电钮，升起了第一面五星红旗，54 门礼炮齐鸣 28 响。毛泽东又宣读了政府公告，向全世界宣告中华人民共和国成立。接着，举行盛大的阅兵式，朱德总司令检阅了陆海空三军，并宣读了中国人民解放军总部命令，命令人民解放军"迅速肃清国民党反动军队的残余，解放一切尚未解放的国土，同时肃清土匪和其他一切反革命匪徒，镇压他们的一切反抗和捣乱行为"。晚上，北京市民举行提红灯游行，直到 9 时许结束。

第二部分　世界历史

第一章　文明始现——上古历史

古埃及文明

　　古埃及文明是指在尼罗河第一瀑布至三角洲地区，时间断限为公元前5000年的塔萨文化到641年阿拉伯人征服埃及的历史。专家们实际探讨古埃及文化的时间范围，是公元前4245年埃及南、北王国的首次联合，到332年马其顿王国亚历山大占领埃及，托勒密王朝覆灭，亦即通常所说的历时三千多年的法老王朝。

　　古埃及的灿烂文明包括农业、历法及象形文字。埃及是拥有6000多年历史的文明古国。早在5000年前的埃及第一王朝时期，尼罗河流域就已经有了辉煌灿烂的文化。金字塔、狮身人面像、卢克索神庙、国王谷、木乃伊等大批埃及丰富的古代文化遗产，令人不能不惊叹古埃及人的智慧。近年来，埃及在进行国家与社会现代化建设的进程中，不断努力加大对本国历史悠久的文化遗产的保护与弘扬力度，取得了可喜的进展。

象形文字和楔形文字

　　古代埃及人最早使用的文字形成于公元前3000年左右。它用图表示事物，所以叫象形文字，是世界上最古老的文字之一。这种文字通常被刻在庙墙、宗教纪念物和纸草上，主要使用者是僧侣和书吏。象形文字十分繁难，随着古埃及的灭亡，它逐渐被人们遗忘，但它对以后的字母文字产生了重要影响。

　　大约在埃及象形文字出现的同一时期，两河流域的苏美尔人创造了楔形文字。楔形文字后来流传到亚洲西部的许多地方，被西亚各民族所采用，为人类文明的发展作出了重大贡献。

金字塔

　　古埃及是世界历史上最悠久的文明古国之一。金字塔是古埃及文明的代表作，它建造于沙漠之中，结构精巧，外形宏伟，是埃及的象征。金字塔分布在尼罗河两岸，古上埃及和下埃及（今苏丹和埃及境内）。据说金字塔是古埃及法老的陵寝，大小都不一致，最高大的是胡夫金字塔。

　　埃及金字塔是古埃及的帝王（法老）陵墓，世界八大建筑奇迹之一。数量众多，分布广泛。开罗西南尼罗河西古城孟菲斯一带最为集中。

　　埃及共发现金字塔 96 座，最大的是开罗郊区吉萨的三座金字塔。大金字塔是第四王朝第二个国王胡夫的陵墓，建于公元前 2690 年左右。原高 146.5 米，因年久风化，顶端剥落 10 米，现高 136.5 米；底座每边长 230 多米，三角面斜度 52 度，塔底面积 52900 平方米；塔身由 230 万块石头砌成，每块石头平均重 2.5 吨，有的重达几十吨；有学者估计，如果用火车装运金字塔的石料，大约要用 60 万节车皮；如果把这些石头凿碎，铺成一条一尺宽的道路，大约可以绕地球一周。据说，10 万人用了 30 年的时间才得以建成。该金字塔内部的通道对外开放，该通道设计精巧，计算精密，令世人赞叹。

古印度文明

古印度是人类文明的发源地之一，古印度文明以其异常丰富、玄奥和神奇深深地吸引着世人，对亚洲诸国包括中国产生过深远的影响。

古代印度在文学、哲学和自然科学等方面对人类文明作出了独创性的贡献。在文学方面，创作了不朽的史诗《摩诃婆罗多》和《罗摩衍那》。在哲学方面，创立了"因明学"，相当于今天的逻辑学。在自然科学方面，最杰出的贡献是发明了目前世界通用的计数法，创造了包括"0"在内的10个数字符号。所谓阿拉伯数字实际上起源于印度，只是通过阿拉伯人传播到西方而已。公元前6世纪，在古代印度还产生了佛教，后来佛教先后传入中国、朝鲜、日本等国。

古印度文明最显著的特征是其宗教性。目前印度最流行的宗教是印度教，其前身为婆罗门教。印度历史上第一个统一的帝国孔雀王朝阿育王为了政治需要，大力宣扬佛教，派遣传教使节把佛教传播到阿富汗、缅甸、斯里兰卡等国，使佛教从恒河流域的一个地方性宗教逐渐发展成为世界三大宗教之一。

古代印度的艺术成就主要表现在雕刻、绘画和建筑上。阿旃陀石窟体现了古印度艺术的独特风格和高超技巧，是雕刻、绘画和建筑三种艺术结合的范例，被誉为世界艺术精粹之一。印度最著名的建筑首推吸收了多种建筑艺术风格的泰姬陵。

两河流域文明

起源于今伊拉克南部的两河流域文明和中国、埃及可称为古代世界最早兴起的三大文明。从新石器时代起，幼发拉底和底格里斯两条大河哺育了这一地区许多农业村落。约公元前3000年，从外部迁移到伊拉克南部干旱无雨地区的苏美尔人开始利用河水灌溉农田并在生产中发明了世界上最早的文字——楔形文字，从而创造出一批人类最早的城市国家和灿烂的苏美尔文明。在苏美尔人的影响下，两河流域本地说塞姆语的阿卡德人加入了文明历史的舞台并先后和苏美尔人并肩建立了阿卡德和乌尔第三王朝两个帝国。随后，苏美尔人消融于塞姆人之中。塞姆语的汉谟拉比王朝把位于两河之间最窄处的巴比伦城变为两河流域南方的中心，发展成为巴比伦帝国；而沙姆西阿达德把底格里斯河岸上的阿淑尔城发展成为两河流域北部的中心，首创亚述帝国。两河流域文明因此以巴比伦——亚述楔形文字文明（现代人文学科亚述学由此得名）而闻名于世。

《汉谟拉比法典》

《汉谟拉比法典》是古巴比伦国王汉谟拉比（约公元前1792～前1750年在位）颁布的法律汇编，是最具代表性的楔形文字法典，也是迄今世界上最早的一部完整保存下来的成文法典（其实早在它260多年前亚伯拉罕已经有法律意识）。《汉谟拉比法典》原文刻在一段高2.25米，上周长1.65米，底部周长1.90米的黑色玄武岩石柱上，故又名"石柱法"。

石柱上端是汉谟拉比王站在太阳和正义之神沙马什面前接受象征王权的权标的浮雕，以象征君权神授；下端是用阿卡德楔形文字刻写的法典铭文，共3500行、282条，现存于巴黎卢浮宫博物馆。

《汉谟拉比法典》由序言、正文和结语三部分组成，序言和结语约占全部篇幅的五分之一，语言丰富，词藻华丽，充满神化、美化汉谟拉比的言辞，是一篇对国王的赞美诗。正文包括282条法律，对刑事、民事、贸易、婚姻、继承、审判等制度都作了详细的规定。

《汉谟拉比法典》维护了奴隶主阶级的统治地位，保护统治阶级的利益，确定了私有制，此外还保留了同态复仇原则和神明裁判的习惯。作为流传至今的楔形文字法中最为完整的一部法典，较为系统地继承了两河流域原有的法律精华，不仅被后起的古代西亚国家如赫梯、亚述、新巴比伦等继续使用，而且还通过希伯来法对西方法律文化产生了一定的影响，是研究古巴比伦社会的重要文献。

爱琴海文明

爱琴文明是希腊及爱琴海地区史前文明的总称。它曾被称为"迈锡尼文明"，因为这一文明的存在被海因里希·施里曼对迈锡尼始于1876年的发掘而进入人们的视野。然而，后续的发现证明迈锡尼在爱琴文明的早期（甚至任何时期）并不占中心的地位，因而后来更多地使用更为一般的地理名称来命名这个文明。爱琴文明最早起源于克里特岛，然后传播到希腊大陆和小亚细亚。公元前1700～前1400年，克里特文明发展到它的全盛时期，不久突然衰退，爱琴文明的中心转移到希腊半岛的迈锡尼。主要包括米诺斯文明和迈锡尼文明两大阶段，前后相继。有兴旺的农业和海上贸易，宫室建筑及绘画艺术均很发达，是世界古代文明的一个重要代表。

《荷马史诗》

《荷马史诗》是相传由古希腊盲诗人荷马创作的两部长篇史诗《伊利亚特》和《奥德赛》的统称。关于荷马所生的年代和是否确有其人都存在争议。比较普遍的看法认为他可能生在公元前9、前8世纪之间。《荷马史诗》两部史诗都分成24卷，《伊利亚特》共有15693行，《奥德赛》共有12110行。这两部史诗最初可能只是基于古代传说的口头文学，靠着乐师的背诵流传。荷马如果确有其人，应该是将两部史诗整理定型的作者。《伊利亚特》和《奥德赛》处理的主题分别是在特洛伊战争中，阿喀琉斯与阿伽门农间的争端，以及特洛伊沦陷后，奥德修斯返回绮色佳岛上的王国，与皇后珀涅罗珀团聚的故事。

《荷马史诗》是早期英雄时代的大幅全景，也是艺术上的绝妙之作，它以整个希腊及四周的汪洋大海为主要情节的背景，展现了自由主义的自由情景，并为日后希腊人的道德观念（进而为整个西方社会的道德观念），立下了典范。继此而来的，首先是一种追求成就，自我实现的人文伦理观，其次是一种人神同性的自由神学，剥除了精神世界中的神秘恐惧。《荷马史诗》于是成了"希腊的圣经"。

公元前 11 世纪到公元前 9 世纪的希腊史称作"荷马时代",就是因《荷马史诗》而得名。《荷马史诗》是这一时期唯一的文字史料。

希波战争

希波战争(或波斯战争)是在公元前 499 年至公元前 449 年之间,波斯与古希腊城邦之间的一系列冲突。

公元前 547 年,波斯的居鲁士大帝征服了爱奥尼亚,但此后爱奥尼亚的希腊语城邦一直在寻求独立。波斯人为了便于统治,遂给这些城邦委任了僭主。到了公元前 499 年,米利都和阿里司塔哥拉斯的僭主在波斯的支持下出海远征纳克索斯岛失败而被解任。阿里司塔哥拉斯人趁机鼓动整个小亚细亚的希腊语地区起来反抗波斯的统治,由此拉开了爱奥尼亚叛乱的序幕。随着叛乱的发展,越来越多的小亚细亚小国被卷入到这场纷争中。雅典和俄瑞特利亚则为阿里司塔哥拉斯人提供军事援助,于公元前 498 年协助后者占领并焚毁了波斯的地方首府萨第斯。公元前 497 年至前 495 年之间战况一时陷于胶着,但波斯人随后重组军队进击叛乱的震中米利都,在拉德海战中彻底击溃了叛军,于公元前 493 年将叛乱镇压了下去。

为了确保波斯帝国日后不受叛乱的威胁,同时加大对内陆希腊人的影响,大流士一世决定先发制人征服希腊。他誓言要向雅典和俄瑞特利亚报萨第斯被焚的一箭之仇。第一次入侵始于公元前 492 年,波斯将军马多尼乌斯指挥军队攻下了色雷斯和马其顿,却因征途中的小差错而功败垂成。波斯人又于公元前 490 年派去了第二支军队,在达提斯和阿塔佛涅斯的指挥下横渡爱琴海,占领了基克拉泽斯,围困了俄瑞特利亚并最终将其夷为平地。他们随后挥师雅典,却在马拉松战役被雅典军队打败。波斯人的第一次入侵就此止步,大流士也在公元前 486 年死去。

公元前 480 年,大流士之子薛西斯一世亲率一支古代历史上屈指可数的大军开始了对希腊的第二次入侵。波斯军队在温泉关战役击败由斯巴达和雅典领导的希腊联军后,曾一度占领了希腊的大部分土地,然而他们的海军却在接下来的萨拉米斯海战中被希腊联合海军击溃。

随后希腊人转守为攻，在帕拉提亚战役中再次得胜，从而结束了波斯的侵略。

希腊联军乘胜追击，在米卡勒战役中扫除波斯海军残部，并在公元前479年和公元前478年分别击溃屯于塞斯托斯和拜占庭的波斯守军。在围困拜占庭期间希腊联军的帕萨尼阿斯将军的所作所为让许多希腊城邦疏远了斯巴达，他们转而接受雅典的领导，形成了提洛同盟并在随后的战斗里将波斯军队彻底驱逐出欧洲。在公元前466年的欧里梅敦战役中同盟军终于解放了爱奥尼亚全境。提洛同盟在公元前460年至前454年间插手埃及叛乱时遭受灭顶之灾，被迫停止进军。在公元前451年他们还派出过一支海军到塞浦路斯却无功而返。此后希波战争的战火逐渐冷却。一些史料表明双方的敌对状态最终在雅典和波斯签署卡里亚斯合约后结束。

古罗马文明

古罗马文明通常指从公元前9世纪初在意大利半岛中部兴起的文明，历罗马王政时代、罗马共和国，于1世纪前后扩张成为横跨欧洲、亚洲、非洲的庞大罗马帝国。它起源于意大利中部台伯河入海处，语言为拉丁语。古代罗马在建立和统治庞大国家的过程中，囊括和吸收了先前发展的各古代文明的成就，并在此基础上创建了自己的文明。它在农业科学、数学、物理学、天文学、医学等方面都取得了很大的成就，在文学、史学、雕塑、绘画、建筑技术，包括道路建筑、城市输水工程、广场、庙宇、凯旋门、纪念碑、浴堂等方面，都留下许多宏伟的遗迹如罗马斗兽场、意大利古罗马竞技场等等。

第二章　封建制度的形成与发展——中世纪历史

日耳曼民族大迁徙

日耳曼民族起源于北欧，属于高加索人种的北支。在古罗马时代，日耳曼人一直保持着原始的部落生活，多数居住在现在的斯勘的那维亚半岛和日德兰半岛上。

在罗马帝国中后期，被罗马人称为蛮族的日耳曼人的一些部落开始南迁，并且开始与罗马人隔着莱茵河及多瑙河对峙。

而促使日耳曼民族大迁徙的根本原因是来自东方的匈奴人的侵袭。

最终，在公元5世纪，日耳曼人在受到匈奴人的入侵和鞭策下而不得不向罗马帝国的地盘迁徙。这时的罗马帝国已从奴隶制社会发展的顶峰衰落下来，各地不断发生奴隶和农民起义，使得垂死的罗马帝国更加摇摇欲坠。日耳曼民族就在这个关键时期席卷了整个罗马帝国的西半边，并且建立了诸多独立的王国。

罗马帝国的扩张

罗马城是在台伯河两岸最狭窄的地方发展起来的。从公元前1000年前后，罗马的几个山丘上就已经有人定居，但城市化标志的最早时间在公元前7世纪。根据传统说法，统治罗马的先后有7个王，公元前511年，罗马人驱逐了最后一个王，建立了共和国，每年选举两位执政官治理国家。然而，正在兴起的城市国家的政府可能并非传统所说的那样正规，共和国的体制只是在公元前4世纪才日臻完备。

到公元前264年，罗马已控制了整个意大利半岛，成为西地中海的主要势力迦太基的主要竞争对手。第一次布匿战争期间（公元前264～公元前241），为了打败迦太基，罗马被迫发展海军，通过这次战争将迦太基人赶出了西西里岛，接着夺取了科西嘉岛和撒丁岛。第二次布匿战争期间（公元前218~公元前201），汉尼拔率领军队和战象，从西班牙越过阿尔卑斯山进入意大利，从北方进攻罗马。虽然罗马在特拉西米诺湖之役（公元前217）和坎尼之役（公元前216）中遭受毁灭性失败，但它仍然能够集中意大利雄厚的人力资源，把汉尼拔赶出意大利，并在北阿非利加的扎马（公元前202）击败他。随后西班牙成为罗马的行省，罗马城至此号令整个西部和中部地中海世界了。

在接下来的50年里，罗马的将领把目光转向了东方，率军入侵希腊，但他们一获胜就撤军，部分的原因可能是担心意大利遭到来自北方的入侵，而这一直是意大利的软肋。尽管如此，马其顿是在公元前146年成为罗马帝国的一个行省，亚细亚省在公元前133年则步其后尘。

大量商品和人口涌入意大利，是罗马在海外胜利的后果之一。希腊神庙里的艺术品用来装饰罗马私人的庄园，希腊文学、修辞学和哲学则对罗马政治的性质产生了深刻影响。战争还带来了廉价的俘虏，他们被带到意大利，成为农业劳力，从而威胁到意大利农民的生计，也导致罗马自身城市人口的急剧增加。

公元前133年以后的一段时期，罗马和意大利内部动乱不断加剧。罗马继续不断的扩张为一些野心家提供了机会，他们利用手中的军事权力主宰罗马政治，共和国的政体无力约束他们之间的争斗。奴隶起义以及意大利同盟者战争加剧了意大利内部的混乱。共和国最后在一系列内战中土崩瓦解。公元前31年，屋大维在阿克提翁战役中获胜并迅速崛起，内战结束他把自己置于独尊地位，罗马帝国从此开始。

亚历山大大帝东征

公元前4世纪，希腊各城邦内部及各城邦之间矛盾错综复杂，冲突持续不断。马其顿国王腓力二世乘机运用外交手段、金钱利诱和军事进攻等手段插手希腊事务。公元前337年，腓力二世确立对全希腊的霸权后，在科林斯召开各邦大会，宣布各邦间停止战争，建立以他为盟主的泛希腊亚历山大东征同盟，并以"复仇"为借口决定对波斯宣战。公元前336年夏，腓力二世遇刺身亡。其子亚历山大三世在平息内乱和镇压希腊人的反叛后，即调兵遣将，准备东征。公元前335年秋，亚历山大以马其顿军为主，雇佣兵和各邦盟军为辅，组成一支远征军（约3万步兵、5000骑兵、160艘舰船）。公元前334年初春，他授权安提帕特将军摄政，亲率远征军从都城派拉出发，渡过赫勒斯滂海峡（今达达尼尔海峡）开始东征。

远征军连续作战10年，行程万余里，进行上百次强渡江河、围城攻坚以及山地、平原和沙漠地作战，建立了西起巴尔干半岛、尼罗河，东至印度河的庞大亚历山大帝国。作战中，亚历山大正确选择战略方向，合理运用马其顿方阵战术，善于组织步兵与骑兵、陆军与海军协同作战，军事手段和政治手段并用等，在世界军事学术史上留下光辉一页。亚历山大东征给当地人民造成深重灾难，但客观上也促进了希腊与亚非诸国的经济和文化交流，在历史上具有深远影响。

一方面，亚历山大的征服和统治充满着暴力，另一方面，从帝国的疆域来看，亚历山大帝国几乎包括了当时人类的主要文明——波斯文明、埃及文明、犹太文明，甚至印度文明，这样整个亚欧大陆的交通就被打通了。因此，伴随着东侵的过程，客观上使希腊文化传播到东方，东方文化渗入到希腊文化之中，正是在这一过程中，东西方文化得到交流和发展。

德、法、意三国的形成

德、法、意三国是由查理曼帝国三分而成的，但德意志、法兰西、意大利成为三个独立的国家，则开始于843年的《凡尔登条约》。847年，皇帝路易一世把帝国分给三个儿子：罗退尔、秃头查理和路易，以防止其死后产生纷争和诸侯叛乱。但事与愿违，路易一世死后他的三个儿子为争夺领土爆发内战，杀得难解难分。843年8月，罗退尔、秃头查理和路易在凡尔登签订停战条约。根据条约，帝国一分为三：歇耳德河和缪斯河以西地区归秃头查理，称西法兰克王国；莱茵河以东地区归日耳曼人路易，称东法兰克王国；北起北海，南至意大利中部、北部及查理与路易所有地区之间的狭长地带，归罗退尔所有，同时由罗退尔承袭皇帝称号，但对其两个兄弟无约束能力。《凡尔登条约》为近代法兰西、德意志和意大利奠定了疆域基础。

拜占庭帝国

东罗马帝国，也叫拜占庭帝国，位于欧洲东部，领土曾包括亚洲西部和非洲北部，是古代和中世纪欧洲历史最悠久的君主制国家。

东罗马帝国共历经 12 个朝代及 93 位皇帝，首都为新罗马。东罗马帝国的疆域在 11 个世纪中不断变动。色雷斯、希腊和小亚细亚西部是帝国的核心地区；今日的土耳其、希腊、保加利亚、马其顿、阿尔巴尼亚从 4 世纪至 13 世纪是帝国领土的主要组成部分；意大利和原南斯拉夫的大部、伊比利亚半岛南部、叙利亚、巴勒斯坦、埃及、利比亚、突尼斯、今阿特拉斯山脉以北的阿尔及利亚和今天摩洛哥的丹吉尔也曾经是帝国的国土。

关于东罗马帝国的起始纪年，历史学界仍存有争议。主流观点认为，330 年君士坦丁大帝建立新罗马，罗马帝国政治中心东移，是东罗马帝国成立的标志。德国东罗马学者斯坦因以戴克里先皇帝即位（284年，这位皇帝首次将罗马帝国分为东西两半）为东罗马帝国的起始纪年。其他观点分别以 476 年（西罗马帝国灭亡、罗马帝国皇权统一归于东罗马皇帝）、527 年（查士丁尼一世登基）、7 世纪（希腊化开始）和8 世纪（希腊化完成）为东罗马帝国起始的标志。

东罗马帝国本为罗马帝国的东半部，以拉丁语和拉丁文化为基础，但与西罗马帝国分裂后，逐渐发展为以希腊文化、希腊语和东正教为立国基础，不同于古罗马帝国和西罗马帝国的新国家。在 476 年西罗马帝国灭亡前，这个帝国被外人称为"东罗马帝国"。但是，在其上千年的存在期内，它一般被其本国国民简单地称为"罗马帝国"。

东罗马帝国的文化和宗教对于今日的东欧国家有很大的影响。此外，东罗马帝国在其 11 个世纪的悠久历史中所保存下来的古典希腊和罗马史料、著作，以及理性的哲学思想，也为中世纪欧洲突破天主教神权束缚提供了最直接的动力，引发了文艺复兴运动，并深远地影响了人类历史。

1204 年，东罗马帝国首都君士坦丁堡曾被第四次十字军东征攻克，直到 1261 年收复。1453 年，奥斯曼帝国攻陷了首都君士坦丁堡，皇帝君士坦丁十一世战死，历时一千余年的东罗马帝国就此灭亡。

十字军东征

十字军东征（1096～1291）是一系列在罗马天主教教皇的准许下，由西欧的封建领主和骑士对他们认为是异教徒的国家（地中海东岸）发动了持续近 200 年的宗教性战争，东正教徒也参加了其中几次十字军。参加这场战争的士兵佩有十字标志，因此称为十字军。十字军主要是罗马天主教势力对穆斯林统治的西亚地区作占领并建立了一些基督教国家，因而也被形象地比喻为"十字架反对新月"；但也涉及对"基督教异端"、其他异教徒和对其他天主教会及封建领主的"敌对势力"的征服，如第四次十字军东征将矛头指向了东正教的拜占庭帝国。天主教徒相信十字军的最初目的是收复被穆斯林异教徒统治的圣地耶路撒冷。当塞尔柱土耳其的穆斯林在安纳托利亚对基督教的拜占庭帝国取得军事胜利时，十字军的战役为响应拜占庭的求助而被点燃了。旷日持久的战役断断续续在累范特地区展开，战争中敌友双方界线不完全是按宗教划定，例如第五次东征时基督徒们与罗姆苏丹国结盟。十字军虽然以捍卫宗教、解放圣地为口号，但实际上是以政治、社会与经济等目的为主，伴随着一定程度上的劫掠，参加东征的各个集团都有自己的目的，甚至在 1204 年的第四次十字军东征劫掠了天主教兄弟东正教拜占庭首都君士坦丁堡。到 1291 年，基督教世界在叙利亚海岸最后一个桥头堡——阿卡被攻陷，十字军国家以失败的命运告终。十字军东征对西方基督教世界造成了深远的社会、经济和政治影响，其中有些痕迹至今尚存。

奥斯曼帝国的兴起

13 到 15 世纪奥斯曼土耳其帝国开始兴起并达到鼎盛。其时奥斯曼帝国的版图横跨亚非欧三大洲，包括现在的土耳其还有欧洲的巴尔干半岛、亚洲的中东地区、非洲的北非地区的大部分曾经都是奥斯曼帝国的领土。

重大事件包括 1493 年攻克君士坦丁堡，灭掉拜占庭帝国，这是一次非常著名的战役，还有因为奥斯曼帝国的兴起，通往中国的陆上丝绸之路被阻断，这直接导致了欧洲国家开辟新航路的大航海时代的到来。其他重要事件还有 17、18 世纪奥斯曼帝国与俄罗斯和奥匈帝国等欧洲国家争夺殖民地的战争，19 世纪巴尔干半岛各国为摆脱奥斯曼帝国殖民统治进行的民族民主革命，再就是 1922 年土耳其"凯末尔"革命，奥斯曼帝国灭亡。

英法百年战争

百年战争是指英国和法国，以及后来加入的勃艮第，于 1337～1453 年间的战争，是世界最长的战争，断断续续进行了长达 116 年，百年战争中，发展出不少新战术和武器。12 世纪中，英国金雀花王朝在法国占有广阔领地，12～13 世纪，法国国王逐渐夺回部分被英王占领的土地。14 世纪初，英国仍占据法国南部阿基坦地区，成为法国政治统一的最大障碍。双方还争夺富庶的佛兰德地区。佛兰德毛纺业主要依赖英国的原料，英国则从羊毛贸易中获取巨利。1328 年，法国占领佛兰德，英王爱德华三世（1327～1377 在位）下令禁止羊毛出口。佛兰德因失去原料来源，转而支持英国。战争的导火线主要是王位继承问题。1328 年，查理四世去世，法国卡佩王朝绝嗣，支裔瓦卢瓦王朝的腓力六世继位，英王爱德华三世以法王查理四世外甥的资格，与腓力六世争夺王位，触发战争。

1337 年 11 月英王爱德华三世率军进攻法国，战争开始。1340 年，英法两国发生海战，法军战败。英国控制了英吉利海峡。1346 年 8 月，双方在克雷西会战，英军大捷，乘胜进入诺曼底。1347 年攻占法国的加来。1356 年 9 月，普瓦提埃之战，法军大败，法王约翰二世（1350～1364 在位）及众臣被俘，英借此向法国索取巨额赎金。1360 年法国王子查理被迫签订屈辱的《布勒塔尼和约》，把加来及法国西南部大片领土割让给英国。

1364 年，王子查理继位，称查理五世（1364～1380 在位），为了夺回失地，改编军队，整顿税制，紧张备战。1369 年起连续发动攻势，几乎收复全部失地，1396 年双方缔结二十年停战协定。

1415 年 8 月，英王亨利五世（1413～1422 在位）趁查理六世（1380～1422 在位）即位后法国统治阶级发生内讧之机，领兵进攻法国，10 月占领法国北部。1420 年，双方签订《特鲁瓦条约》，条约规定法国王太子的王位继承权转归英王亨利五世。亨利五世与查理六世之女结婚。这项条约实际上将法国分为由亨利五世、勃艮第、亨利六世兼领法国国王。1428 年 10 月，英军围攻通往法国南方的要塞奥尔良城，形势危急。法国人民组成抗英游击队，袭击敌人。1429 年，法国女民族英雄贞德率军击退英军，解奥尔良城之围。此后，法国人民抗英运动继续高涨，英军节节败退。1429 年 7 月，王子查理在兰斯加冕，称查理七世。1435 年勃艮第公爵臣服于法王。1453 年 10 月，驻波尔多英军投降，除加来外，法国领土全部收复。至此，百年战争以法国的胜利而结束。

伊斯兰教的起源和发展

伊斯兰教是世界性的宗教之一，与佛教、基督教并称为世界三大宗教。中国旧称大食法、大食教、天方教、清真教、回回教、回教等。伊斯兰系阿拉伯语音译，原意为"顺从"、"和平"，指顺从和信仰宇宙独一的最高主宰安拉及其意志，以求得两世的和平与安宁。信奉伊斯兰教的人统称为"穆斯林"（Muslim，意为"顺从者"）。7 世纪初兴起于阿拉伯半岛，由麦加人穆罕默德（约 570～632）所创传。主要传播于亚洲、非洲，以西亚、北非、中亚、南亚次大陆和东南亚最为盛行。20 世纪以来，在西欧、北美和南美一些地区也有不同程度的传播和发展。它自创兴迄今已有 1300 多年的历史，它作为一种宗教信仰、意识形态和一种文化体系，传入世界各地后，与当地传统文化相互影响和融合，在不同的历史条件下，对许多国家和民族的社会发展、政治结构、经济形态、文化风尚、伦理道德、生活方式等都发生了不同程度的影响。据统计，全世界穆斯林有 9.21027 亿人（1985 年，占同期世界人口总数 48.82042 亿人的 18.54%）。在亚非 40 多个伊斯兰国家中，穆斯林占全国总人口的大多数。在 30 多个国家中，伊斯兰教被定为国教。在当代，伊斯兰国家和穆斯林人民在国际政治生活中发挥着日益重要的作用。

基督教的起源

基督教与佛教、伊斯兰教并列为世界三大宗教。基督教大约于公元 1 世纪 20～30 年代产生在散居小亚等地的犹太下层人民中间，不久便迅速传播于罗马帝国全境。基督教相传为拿撒勒人耶稣所创立，因此基督教的人信仰上帝，崇奉耶稣为"救世主"。"救世主"的本意为上帝敷以圣膏油而派遣来拯救世人的使者，在希伯来语里一般称"弥赛亚"，希腊语称"基督"，该教就由此而得名。

基督教最早出现于犹太的下层人民中间是有其历史根源的。犹太人在历史上曾历经劫难，饱受艰辛。他们居住的巴勒斯坦地区，在公元前 8 世纪受到亚述重兵的蹂躏，到公元前 586 年新巴比伦灭亡了犹太王国，大批犹太居民被掳往巴比伦（其中一部分犹太人沦为奴隶），这就是所谓的"巴比伦之囚"。公元前 538 年，波斯灭亡新巴比伦，允许犹太人返回故土。波斯帝国灭亡后，犹太人又沦入塞琉西王国的统治之下。前 165 年起，犹太人曾在犹大·马卡比领导下掀起斗争，一度赢得独立。63 年罗马征服巴勒斯坦，犹太人又在罗马统治下受苦受难，于公元 66 年、132 年一再发动大起义，都遭到残酷镇压。犹太人或遭屠戮，或背井离乡。亡国和失败的命运使犹太民族倍感绝望，早在公元前 2 世纪，犹太下层居民中流行一种宣扬"救世主"将要来临的秘密教派，在小亚各地的犹太居民中出现许多传教的"先知"。基督教就是从这种新的教派中形成的。

在信仰方面，基督教认为上帝创造了天地万物，也创造了人类，是宇宙的最高主宰。人类与生俱来就犯有"原罪"，必须依赖上帝和他所差遣的救世主"耶稣"的救赎。上帝为了拯救人类而显灵，使童贞女玛利亚未婚而孕生了耶稣。他作为上帝的使者来到世间，招了 12 名门徒，在巴勒斯坦传教，扶危济困，后来由于弟子犹大的叛卖而被害，但死后三天又复活（是日为复活日）显灵，然后升天。相传耶稣将在世界末日再临世间，摧毁罪恶，重建幸福的"千年王国"。

基督教的经典是《圣经》，包括《旧约》和《新约》两部。《旧约》原为犹太教经典，后被基督教徒所接受。公元 2 世纪，传道者编成了《福音书》，流传至今的有《马可福音》《马太福音》《路加福音》和《约翰福音》四种，并构成《新约圣经》的主要内容。

在 3 世纪时，基督教得到了更迅速的发展。受到震动和打击的奴隶主、大地主、大商人、官僚，甚至皇帝的亲属，也有一些加入了基督教。教会也有所发展，罗马、拜占庭、迦太基、亚历山大里亚等城市，成为其所在地区教会的中心，并渐渐发展成为领导所在地区教会的上级教会。教会的领导权转到了大有产者的手中，基督教从而失去了被压迫者宗教的性质，逐步蜕变为剥削阶级手中的工具。392 年，皇帝狄奥多西一世宣布基督教为罗马国教，基督教由原先被压迫民众的宗教，终于完成了与帝国政权的结合，成为统治阶级的工具。

莫斯科公国的建立

莫斯科公国是 13 世纪末至 17 世纪末罗斯最大的封建国家。首都莫斯科（建于 1147），故名。13 世纪末从弗拉基米尔—苏兹达尔公国分裂出来，第一位王公是达尼尔·亚历山大罗维奇（1283～1303 在位）。由于土地肥沃，水陆交通发达，较少受鞑靼人和立陶宛人侵袭。14～15 世纪期间，莫斯科公国经济和政治地位不断提高，成为反抗鞑靼压迫、争取民族独立和消灭封建割据、统一东北罗斯的中心。伊凡一世（1325～1340 在位）号称卡利达（钱袋），通过贿赂从金帐汗获得了弗拉基米尔大公的封号，并把东正教罗斯教区总主教驻地从弗拉基米尔迁到莫斯科，为莫斯科的强盛奠定了基础。德米特里·顿斯科伊（1359～1389 在位）在库利科夫战役中，击败了马迈汗率领的鞑靼军队，确立了莫斯科公国在罗斯各公国的领导地位。瓦西里一世（1389～1425 在位）和瓦西里二世（1425～1462 在位）统治时期，兼并了科斯特罗马公国、加里奇公国、白湖公国、乌格里奇公国、下诺夫哥罗德公国、木罗姆公国和苏霍纳河流域北部等广大东北罗斯地区。瓦西里二世经过长期的内战，打败了公国内部采邑王公的反抗，巩固了大公的地位。伊凡三世（1462～1505 在位）完成了对雅罗斯拉夫公国和罗斯托夫公国的兼并，并于 1478 年灭亡了诺夫哥罗德封建共和国。1480 年，伊凡三世在乌格拉河战役中，迫使阿赫马特汗撤退，从而结束了鞑靼蒙古对俄罗斯人民历时两个多世纪的统治。1485 年，他还兼并了特维尔公国。同年，伊凡三世采用了"全俄罗斯大公"的称号。瓦西里三世（1505～1533 在位）先后兼并了普斯科夫共和国和梁赞公国，从立陶宛夺取斯摩棱斯克，完成了东北俄罗斯的统一。1713 年，以莫斯科公国为核心的俄罗斯统一集权国家正式形成，改名为俄罗斯帝国。

阿拉伯帝国的形成

阿拉伯帝国（632～1258）是阿拉伯半岛上的阿拉伯人于中世纪创建的一系列伊斯兰封建王朝。帝国形成之后，作为先知继承者的哈里发们为了巩固自己的统治，并满足阿拉伯人对商路和土地的要求，掀起了长达一百多年的扩张运动。在鹰旗旗帜下，沙漠中的游牧民族开始了征服世界的行动。阿拉伯人以惊人的速度崛起于拜占庭和波斯的南部边疆。他们前进，他们作战，他们征服，他们通过血与火建立了一个地跨亚、欧、非三洲的举世无匹的庞大帝国。鼎盛时期领土达到 1339 万平方千米。帝国存在了 600 多年，主要有神权共和时期和倭马亚王朝、阿拔斯王朝两个世袭王朝。帝国最强盛的时候，疆域东起印度河和中国边境，西至大西洋沿岸，北达里海，南接阿拉伯海，是继波斯帝国、亚历山大帝国、罗马帝国和拜占庭帝国之后又一个地跨亚、欧、非三洲的大帝国。由于其独特的地理位置，阿拉伯帝国的兴起改变了周边许多民族的发展进程，在中世纪的历史上产生了非常重要的影响。

日本大化改新

大化改新是 645 年发生的古代日本社会政治变革运动。其主要内容是废除大豪族垄断政权的体制，向中国皇帝体制学习，成立古代中央集权国家，在日本历史上带来了巨大的变革。

大化改新以前，苏我氏等大豪族控制政权，天皇家族没有什么实权。645 年 6 月，皇室中大兄皇子（后来的天智天皇）联合贵族中臣镰足发动政变，刺杀当时掌握朝政的权臣苏我入鹿，其父苏我虾夷自杀，皇室夺取政权。中大兄皇子等拥立孝德天皇。

孝德天皇（645～654 年在位）即位后，定年号为大化，迁都难波京（今大阪市）。

内容：

效法隋唐的均田制，实行班田收授法。废除豪族对土地和部民私有，改土地、部民为国有。国家计口授田，对六岁以上公民，每六年按人口班给口分田一次。所班田地不得买卖，死后归还政府。

效法唐朝租庸调制度，受田农民必须向国家交谷物（租），服劳役或纳布代役（庸），交地方土产（调）。

中央设二官：神祇官、太政官和八省（中务、式部、治部、民部、兵部、刑部、大藏、宫内）、一台（弹正台）；一般地方设国、郡、里。

兵制方面，首都置五卫府，地方设军团。公民服兵役。

朝鲜壬辰卫国战争

16 世纪 80 年代，日本战国末期，丰臣秀吉以武力统一全国后，为巩固其统治，妄图对外扩张，以发动侵略战争削弱国内人民反封建斗争，并把异己势力消耗于对外征战。遂乘朝鲜李氏王朝耽于党争内讧，朝纲紊乱，兵备松弛之机，决定以武力征服朝鲜，入侵中国，进而称霸东亚。

1592 年（壬辰年）4 月发兵 15 万余人，大举入侵朝鲜。日本侵略军于 13 日在釜山登陆后，长驱直入，两月间相继攻占开城、京城（今首尔）、西京（今平壤）。朝鲜大片国土陷入敌手。国王宣祖李昖在爱国朝臣和军民抗倭热潮的推动下，退至中朝边境的义州（今新义州），继续募兵抗倭，同时要求中国援助。

明朝廷鉴于丰臣秀吉不仅要征服朝鲜，还将侵略中国，遂决定援朝抗倭。同年秋，派遣以陈璘为总兵、李如松为副将的 5 万余大军赴朝抗倭。翌年1月，朝鲜爱国官兵在明军的支援协同下，一举收复西京、开城，直指京城。用游击战术切断敌人供应线，同时展开海陆两路反攻。朝鲜名将李舜臣指挥的朝鲜水军龟船队，在玉浦、唐项浦、泗川、闲山岛、釜山等海域连创倭军，掌握了制海权。广大民众竞相奋起，打击敌人，迫使侵略军官兵疲惫作战，溃不成军。日将小西行长率残部南逃至釜山沿海一带。

朝鲜人民在"灭倭救国"的旗帜下，很快形成强大的义兵运动，对抗倭救国作出了重大贡献。日本侵略军处境十分狼狈，遂于1593年8月被迫接受"议和"，但实际上仍准备再犯，谈判拖延3年，未能达成协议。

1597年2月，丰臣秀吉又出兵14万人入侵朝鲜，东西两路并进，连占要塞。中国又动员川、陕、浙、蓟、辽等地步兵及福建、吴淞水师等，再次出兵援朝，同年9月，朝中联军在稷山、青山等地重创日军，迫其退守蔚山、泗川、顺天。

1598年初，明军分道向釜山进兵，展开了援朝逐倭决战。朝中联军全力进军，连战连捷，朝中军民取得了决定性胜利，促使日军内部矛盾加剧，士气消沉，军力大衰，再次要求停战议和，撤离朝鲜。同年8月，丰臣秀吉因侵朝战争失败积郁而死。其部将德川家康遵其遗命于10月下令撤军。11月19日，日本侵略军万余官兵乘500余艘舰船行至露梁海域，遭朝中联合舰队致命打击，日本海军几乎全部被歼。一代名将李舜臣和邓子龙壮烈牺牲。长达7年之久的朝鲜壬辰卫国战争，以朝中人民的胜利而结束。

第三章 资本主义的诞生与发展——近代历史

资本原始积累

资本原始积累是指资本主义生产方式确立以前，通过暴力等非正当手段使生产者与生产资料分离，使生产资料聚集在少数人手里的过程。应从以下几方面来理解。(1) 新兴的资产阶级和新贵族用暴力的手段迫使小生产者同生产资料分离并积累资本。它一方面使社会生产资料集中到少数人手里，另一方面又使大批生产者转化为雇佣工人，为资本主义生产方式准备了前提条件。英国的圈地运动就是例证。(2) 用武力征服殖民地，抢劫金银财物、贩卖奴隶等手段来聚敛财富。例如16 世纪的奴隶贸易。(3) 资本积累不同于资本原始积累。通过剥削工人的剩余价值而积累的过程叫做资本积累。资本的原始积累的手段是掠夺，资本积累的手段是剥削。

英国的"圈地运动"

在 14、15 世纪，在农奴制解体过程中，英国新兴的资产阶级和新贵族通过暴力把农民从土地上赶走，强占农民份地及公有地，剥夺农民的土地使用权和所有权，限制或取消原有的共同耕地权和畜牧权，把强占的土地圈占起来，变成私有的大牧场、大农场。这就是英国历史上的"圈地运动"。圈地运动积累了原始资本，为资本主义提供了廉价的雇佣劳动力和国内市场，为英国发展成为资本主义强国奠定了基础。俄国在农奴制的统治下，生产十分落后。农村采用三圃制，生产工具主要是木犁、木耙。土地贫瘠，气候恶劣，几乎年年歉收。工业以小手工业为主，从 17 世纪下半叶，开始出现手工工场，但数量很少，全国总共只有 21 家。到改革前夕，生铁、弹药、枪支、呢绒、丝绸、纸张以及绦带等各种工业品、军需品、日用品和装饰品，几乎都要从西欧进口。

新航路的开辟

新航路的开辟，是指欧洲从 15 世纪开始，为了筹集商品经济快速发展所需的货币和资本的原始积累需要，加之奥斯曼帝国控制了亚洲和欧洲的陆上通道，从而使得欧洲新兴资产阶级对外寻找的通往中国和印度的运动，而历经迪亚士、达·伽马、哥伦布、麦哲伦等人的探索后，最终找到了通往亚洲的通道。新航路开辟运动影响重大，它改变了各洲间基本封闭的状况，为后来欧洲的掠夺和三角贸易打下了基础，为资本主义发展提供了巨大的生产资料和市场。但另一方面，它也给美洲和亚洲等国家带来了沉重的灾难，所以如何看待新航路运动，要一分为二对待。

德国宗教改革

16 世纪初期德国的宗教改革不仅引发了德国农民战争，而且产生了新教。

中世纪时期，德国政治分裂，教会实力庞大，每年从德国拿走许多财富，有人戏称德国为"教皇的乳牛"。1517 年，教皇以修缮圣彼得大教堂为名，下令在天主教各国发售赎罪券。在德国发售赎罪券的使者声称"只要购买赎罪券的钱一敲响钱柜，罪人的灵魂立刻就可以从炼狱升上天堂"。德国人认为这种行径简直是敲诈。

10 月 30 日，维滕堡大学教授马丁·路德在教堂门口贴出《九十五条论纲》，要求辩论赎罪券的功效，但无人向路德应战。由此引发了宗教改革运动。此后，马丁·路德又发表一系列文章，提出了他的宗教改革内容：

信徒皆祭司，即信徒不必通过教会，就可以和上帝直接沟通。教士不是信徒与上帝之间的中介，强调信徒可以唯因信仰称义。

唯独《圣经》才是信仰的权威，每个教徒都可以读《圣经》，并且亲自将《圣经》译成了德文。

马丁·路德的改革在很短时间内就传遍了全国。1520 年 6 月，教皇宣布路德的学说为异端，路德则声称教皇是"异教徒"。随后，路德的学说在瑞士等国得到响应。后来人们将路德的学说称为新教，而且地位逐渐合法化。

宗教改革为先导，在1524～1525年又爆发了声势浩大的德国农民战争。

彼得一世改革

17世纪末，在尼德兰和英国，资本主义的生产关系已经确立，而在俄国依然是落后的封建农奴制生产关系，贵族地主是支配者。列宁对这个封建农奴制国家作了如下的评述："地主为了确立自己的统治为了保持自己的权力，需要有一种机构来使大多数人受他们支配，服从他们制定的法规，这些法规基本上是为了一个目的——维护地主统治农奴制农民的权力。"

这种落后状况，严重地阻碍着俄国社会的发展。统治阶级中的有识之士，也看出这种落后状态对俄国的严重危害，也曾有人试图进行改革，但未能大胆果断地进行，因而成效甚微。彼得一世执政后，凭借其至高无上的政治权力，毅然决然地抛弃俄国自大守旧的传统，亲自率团出国考察，学习西欧，实行了自上而下的、大胆果断的全面改革。

他改革军事，加强国防，夺取出海口。改革和健全国家行政机构，发展文化教育事业，兴办近代工业，改变俄国经济落后面貌，发展贸易，提高商人地位。

彼得一世改革对俄国社会发展产生了深远的影响，把俄国推进到一个新的历史时代。

文艺复兴

文艺复兴是 14～16 世纪反映西欧各国正在形成中的资产阶级要求的思想、文化运动。其主要中心最初在意大利，16 世纪扩及德意志、尼德兰、英国、法国和西班牙等地。文艺复兴主要表现在科学、文学和艺术的普遍提高，但因各国的社会经济和历史条件不同，在各国带有各自的特征。

13 世纪末 14 世纪初，意大利在欧洲最早产生资本主义萌芽；但由于政治、经济发展不平衡，先进地区只限于少数几个城市，尤以佛罗伦萨、威尼斯为最。在这种政治、经济背景下的佛罗伦萨，成为意大利乃至整个欧洲的文艺复兴发源地和最大中心。

意大利文艺复兴最早的两位代表人物是佛罗伦萨诗人但丁和画家乔托。但丁的不朽名作《神曲》以恢弘的篇章描写诗人在地狱、净界和天堂的幻游，乔托在艺术上的开创之功和但丁相当。14 世纪后半期又出现了两名新文化的代表人物：彼特拉克和薄伽丘。彼特拉克被称为"人文主义之父"。薄伽丘的名作《十日谈》以诙谐生动的语言讽刺教会贵族，赞扬人民群众，是欧洲文学史上第一部现实主义巨著。

15 世纪，随着对古典文化的学习，人文主义思想也日益发展，深入人心，封建教会对文化的垄断、钳制被打破了，文化领域百花竞放，为新兴的资本主义政治、思想的发展开拓了道路。这一时期文艺复兴的代表人物有人文主义者布鲁尼（约 1370～1444）和瓦拉（1407～1457），建筑家 F. 布鲁内莱斯基（1377～1446）和数学家 L.B. 阿尔贝蒂（1404～1472），雕刻家多那泰洛（约 1386～1466），画家托马索·迪·乔万尼·迪·曲莫纳·圭迪（即马萨乔，1401～1428）和 S·波提切利（1445～1510）。

16 世纪是意大利文艺复兴特别繁荣的时期，产生了 3 位伟大的艺术家：列奥纳多·达·芬奇（1452～1519）、米开朗基罗（1475～1564）和拉斐尔（1483～1520）。达·芬奇既是艺术家，又是科学家，为当时"全面发展的人"的完美典型。肖像画《蒙娜丽莎》被誉为世界美术杰作之冠；壁画《最后的晚餐》则反映了艺术家创造典型人物和戏剧性场面的能力，深刻描绘了人物的性格，布局严谨又富于变化，为后人学习的典范。

莎士比亚

莎士比亚是英国文艺复兴时期伟大的剧作家、诗人，欧洲文艺复兴时期人文主义文学的集大成者。

莎士比亚的代表作有四大悲剧：《哈姆雷特》《奥赛罗》《李尔王》《麦克白》。著名喜剧：《仲夏夜之梦》《威尼斯商人》《第十二夜》《皆大欢喜》。历史剧：《亨利四世》《亨利五世》《查理二世》。正剧、悲喜剧：《罗密欧与朱丽叶》。还写过154首十四行诗，2首长诗。本·琼森称他为"时代的灵魂"，马克思称他和古希腊的埃斯库罗斯为"人类最伟大的戏剧天才"。虽然莎士比亚只用英文写作，但他却是世界著名作家。他的大部分作品都已被译成多种文字，其剧作也在许多国家上演。儒略历1616年4月23日（1616年5月3日）病逝，出生日期与逝世日期恰好相同。莎士比亚和意大利著名数学家、物理学家、天文学家和哲学家、近代实验科学的先驱者伽利略同一年出生，被人们尊称为"莎翁"。

尼德兰资产阶级革命

"尼德兰"是低洼的地区的意思，指的是中世纪欧洲西北部的地区即今天的比利时、荷兰、卢森堡和法国的东北部，当时由17个省组成，为西班牙哈布斯堡王朝所统治。

自16世纪以来，尼德兰城乡资本主义有相当发展。安特卫普成为当时世界上最重要的商业中心之一。尼德兰资本主义经济的发展引起阶级关系的变化，加剧了阶级矛盾和民族矛盾。新贵族和资产阶级再也无法忍受西班牙的统治，尼德兰革命形势成熟。

1566年8月10日爆发了反对天主教会的圣像破坏运动。这一运动标志着尼德兰资产阶级革命正式爆发。革命很快取得了胜利。但由于南方的新贵族害怕革命的不断深入和西班牙的武力入侵，向西班牙投降。而北方各省则正式成立荷兰共和国。随后，荷兰在军事和外交上取得反西班牙战争的胜利。1609 年 1 月 9 日，西班牙承认了荷兰的独立。尼德兰革命在北方获得完全胜利。

尼德兰资产阶级革命主要是反对西班牙的反动封建统治的斗争，它具有鲜明的民族解放斗争性质，是世界上第一次成功的资产阶级革命。

英国资产阶级革命

新航路开辟以后，欧洲的主要商道和贸易中心从地中海区域转移到了大西洋沿岸。英国人利用有利的地理位置拓展对外贸易，进行殖民掠夺。在此期间，制呢业等工场手工业得到很大发展，还出现了采用资本主义经营方式的牧场和农场。由工场主、商人、银行家和农场主等组成的新兴资产阶级成长起来。有些贵族虽然保留着贵族头衔，却也从事一些资本主义性质的经济活动，被称为新贵族。

17 世纪时，英国国王竭力推行封建专制，鼓吹"君权神授"，认为国王的权力是神授予的，不可违抗。资产阶级和新贵族的权利受到侵害，他们利用议会同国王展开斗争。

1640 年，英国国王查理一世召集议会开会，希望能够筹集军费，镇压苏格兰发生的人民起义。会议期间，议员们对国王的独断专权进行了猛烈的抨击，要求限制国王的权力，掀开了英国资产阶级革命的序幕。查理一世非常恼怒，派兵去抓捕反对他的议员，挑起了内战。几年以后，经过反复斗争，克伦威尔率领的议会军队打败了国王军队，取得了最后胜利。1649 年，查理一世被推上断头台，英国成立了共和国。

1688 年 10 月，荷兰全国各大城市所有的港口、码头和主要街道，只要是能引人注目的地方，都贴满了揭露英国国王詹姆士二世的反动统治，以及奥兰治亲王威廉的宣言等五颜六色的宣传品。这场被认为是世界上第一次大规模的宣传攻势，正在这里全面展开。

1658 年 9 月克伦威尔去世后，他的儿子理查·克伦威尔继任护国主。理查既不是久经沙场的战将，又不是善于操纵政界的政治老手，上台仅八个月，即在军官集团逼迫下，辞去护国主职务，护国政府随之解体。此后，政局混乱，资产阶级和土地贵族急于与旧势力取得谅解，以便维持秩序，保护既得利益，这就为斯图亚特王朝的复辟铺平了道路。

1660年初，隐藏在革命队伍中的君主主义者、苏格兰驻军司令蒙克率军进入伦敦。他搜罗长老会派和保王党分子组成"新议会"，并通过决议，要求流亡在国外的查理一世的大儿子查理二世迅速回国。4月4日，查理二世在荷兰布雷达发表宣言，声称他复位后将保障革命时确立的土地、财产关系，允许信仰自由，保证赦免反对王朝的人。同年5月1日，英国国会正式宣布，查理二世为英国国王。5月下旬，查理二世带领一批亡命分子乘坐英国军舰，从荷兰回国·登基。

斯图亚特王朝的复辟，是对英国资产阶级革命的反动。查理二世登上王位后，即背弃《布雷达宣言》，对革命进行反攻倒算。声言：凡参加审判其父查理一世的"弑君者"，均不得赦免，必须从严惩办。顿时，白色恐怖笼罩整个英国。1661年1月30日，复辟分子在伦敦威斯敏斯特寺院掘开墓穴，将克伦威尔和爱尔顿的尸体挖了出来，装上木架，拖拽游街后，再套上镣铐，吊在绞刑架上示众。查理二世还宣布奉安立甘教为国教，同时制定一系列宗教法律，大肆迫害非国教徒。

查理二世死后，他的弟弟詹姆士二世继位。他一上台，便公开宣布信仰天主教，释放大批被监禁的天主教徒，由他们出任军职。后又颁布《信仰自由宣言》，废除了限制天主教的法律，企图将天主教变为国教。

斯图亚特复辟王朝的倒行逆施，不仅激起英国人民的反对，引发了农民和手工业者的大规模起义，同时也引起资产阶级和土地贵族的强烈不满。不过，这时的英国资产阶级再也不敢依靠人民，采用革命手段来进行斗争了。他们打算等到年迈而又无嗣的国王死后，即请他的长女、信奉新教的玛丽和她的丈夫、荷兰执政威廉前来英国当国王。但到1688年，情况却突然发生了变化，詹姆士二世的第二个妻子、天主教徒莫德纳·玛丽生了个儿子，这就意味着英国将继续被天主教徒所统治。

于是，英国资产阶级和土地贵族决定立即向威廉发出呼吁，要求他进行武装干涉，以政变的形式推翻斯图亚特复辟王朝。6月30日，按照私下达成的协议，他们又向威廉正式发出邀请书，请他速来英国，以保护人民的"自由"。奥兰治亲王威廉在接到邀请后，当即表示同意，并于 10 月 10 日发表宣言，对英国人民的苦难深表同情，宣布他去英国的目的，主要是为了保护"新教、自由、财产及自由的议会"。荷兰国会对此也极力支持，不仅拨巨款充作军费，同时发动大规模宣传攻势，于是就出现了前文中的那一幕。

1688 年 11 月，威廉率领着 1.2 万名士兵，以及由 600 艘舰船组成的庞大船队在英国登陆。23 日深夜，众叛亲离的詹姆士二世，在大军压境、大势已去的情况下，依靠夜幕的掩护，逃往法国，斯图亚特复辟王朝就此寿终正寝。

詹姆士二世出逃后，威廉立即召集英国上议院议员、查理二世统治时期的最后三届下议院议员以及伦敦市议会议员开会。在联席会议上，威廉被指定为英国临时元首，并被授权召开"库义特"——即不是由国王召开的国会，商讨国家大事。

1689 年初，"库文特"在伦敦开幕。在讨论王位继承问题时，英国权贵们的态度陡变，不愿让威廉继承王位，甚至提出由詹姆士二世做名义上的国王，由威廉担任摄政王，或把王位交给玛丽，再由威廉以妻子的名义统治英国。威廉对英国资产阶级的懦弱和出尔反尔非常愤怒，表示将永远不做岳父的临时代理人，也决不做妻子的大臣，并威胁说，如果不把王位交给他，将立即率领军队返回荷兰，从此再不来干预英国的事了。

害怕 40 年前大革命风暴重演的英国资产阶级，在威廉强硬态度面前屈服了。同年 2 月 9 日"库文特"通过决议，宣布詹姆士二世退位，威廉和玛丽为英国国王和女王，两人以平等的权力，作为联合君主，共同统治英国。2 月 13 日，威廉和玛丽举行了隆重的加冕典礼，正式即位。

为了确保国家政权能够保障资产阶级的利益，将无限的君主权力，限制在宪法范围之内，就在威廉和玛丽加冕的同一天，"库文特"通过了《权利宣言》，10 月又颁布《权利法案》。规定今后英国国王必须是国教徒，取消国王中止法律的权力，未经国会同意，国王无权征税；和平时期未经国会同意，国王无权招募和维持常备军；国会选举必须自由，臣民有权向国王请愿；议员在议会中的言论，在会外不受任何机关的弹劾和质问，国王必须经常召开议会会议等。对此，威廉表示将忠实恪守。

1701年，英国国会又进一步通过《王位继承法》，规定国王个人无权决定王位继承问题，对王位继承作出了一系列限制。它规定威廉死后如果无嗣，王位应由忠于新教的、詹姆士二世的幼女安娜继承，如果安娜也是无嗣的话，那么王位将属于汉诺威选候。

《权利法案》和《王位继承法》，确立了英国君主立宪制的基本原则，排除了天主教徒继承英国王位的可能性。它规定了国会的权力和国王的权限，虽保留国王的形式，但又用立法手段限制国王的权力，这种政治形式，历史上称为"君主立宪制"。由于这次推翻复辟王朝的统治，是没有民众参加的不流血的宫廷政变，所以被资产阶级史学家称为"光荣革命"。

攻占巴士底狱

巴士底狱高100英尺，围墙很厚，有8个塔楼。上面架着15门大炮，大炮旁边堆放着几百桶火药和无数炮弹。它居高临下，俯视着整个巴黎，活像一头伏在地上的巨兽。凡是胆敢反对封建制度的著名人物，大都被监禁在这里。巴士底狱成了法国专制王朝的象征。

多少年来，人们像痛恨封建制度一样痛恨这座万恶的巴士底狱。许多人曾经作过推倒巴士底狱的尝试，可惜都没有成功。然而，人们的希望没有落空，他们终于盼到了这一天。1789年，法国爆发了大革命。巴黎的警钟长鸣，工人、手工业者、城市贫民纷纷涌上街头，夺取武器，开始了武装起义。

法国人民早就痛恨国王、僧侣和贵族。僧侣是当时法国封建社会的第一等级，贵族是第二等级。其他各种人都归入第三等级。第一、第二两个等级的人数不过20多万，只占全国总人口的1％。但是，他们有钱有势，骑在人民头上作威作福。法王路易十六就是他们的总头子。他同僧侣贵族狼狈为奸，弄得民不聊生。新兴的资产阶级也因为政治上没有权力而受到欺压。

18世纪后期，国王和他的大臣们眼看国库空虚，就用尽一切办法搜刮钱财，好继续吃喝玩乐。为了这些，他还在1789年召集已经停止了175年的"三级会议"来筹款。可是，第三等级的代表识破了国王的诡计，他们趁开会的时机，提出了两点要求：第一，限制国王的权力，把三级会议变成国家的最高立法机关；第二，改变按等级分配表决权的办法，要求三个等级共同开会，按出席人数进行表决。国王路易十六听了这些要求，暴跳如雷，认为第三等级大逆不道。他偷偷把效忠王朝的军队调回巴黎，准备逮捕第三等级的代表。消息传出来以后，巴黎人民群情激愤，怒不可遏。于是，酝酿很久的一场大革命就这样爆发了。

1789年7月13日这一天，手执武器的人群攻占了一个又一个的阵地，巴黎市区到处都有起义者的街垒。到了14日的早晨，人民就夺取了整个巴黎。最后只剩下巴士底狱还在国王军队手里。

"到巴士底去！"起义队伍中响起了呼喊声。起义者不约而同地从四面八方涌向巴黎的最后一座封建堡垒。

攻占巴士底狱成了全国革命的信号。各个城市纷纷仿效巴黎人民，武装起来夺取市政管理权，建立了国民自卫军。在农村，到处都有农民攻打领主庄园，烧毁地契的事情发生。不久，由人民组织起来的制宪会议掌握了大权。这一年，制宪会议颁布了"废除一切封建义务"的"八月法令"，紧接着又通过了著名的《人权宣言》，向全世界庄严宣布了"人身自由，权利平等"的原则。

俾斯麦统一德国

德国在历史上曾是一个长期分裂的国家，境内诸侯林立。19世纪50～60年代，德意志资本主义经济迅速发展，工业总产值超过法国，居世界第三位。当时分裂的诸邦中，奥地利和普鲁士是最强大的两个君主国。奥地利国势日衰，缺乏振兴国家的措施，而普鲁士统治者为排除奥地利的势力，大力发展农业，实力不断增强。1849年和1859年，普鲁士两次企图在自己领导下实现德国的统一，但都因奥地利的阻挠而失败。

1861年，普鲁士的威廉一世继承王位后，任命奥托·冯·俾斯麦（1815～1898）为内阁首相兼外交大臣。俾斯麦对于普鲁士有能力统一德意志深信不疑。

俾斯麦统一德国的第一步，就是1864年初挑起对丹麦的战争，把属丹麦的石勒苏益格、荷尔施泰因两个公国（居民多数为德意志人）并入德国。第二步是1866年挑起对奥地利的普奥战争。1866年7月3日在萨多瓦战役中，普鲁士获得决定性的胜利。俾斯麦统一德国的第三步，就是1870年的普法战争。

1870年9月2日，德军在色当战役取得对法国的决定性胜利，生俘了拿破仑三世。至此，统一南德的障碍已除，德国的民族战争的任务已经完成。俾斯麦驱兵直入巴黎。1871年1月18日在凡尔赛宫宣告了德国的统一，成立了德意志帝国。俾斯麦也同时出任德意志帝国的宰相。

俾斯麦统一德国后，执行为大资产阶级和贵族地主利益服务的政策，推动了德国经济的发展。俾斯麦本人虽然退出了历史舞台，但他的"铁血"政策却深深地影响了以后的德国历史。

美国独立战争

美国独立战争，也称北美独立战争。既是一次民族独立战争，又是一次资产阶级革命。

波士顿倾茶事件是美国独立战争的导火索。1775年，波士顿人民在美国莱克星顿与英军交战，拉开了独立战争的序幕。美国独立战争可分为三个阶段。1775～1778年为战争的第一阶段，为战略防御阶段，主战场在北部，英军占据优势。1779～1781年为战争的第二阶段，以萨拉托加大捷为标志，进入战略相持阶段，主战场转到南部，美军以弱胜强。从1781年4月～1783年9月，为战略反攻阶段，约克镇战役后，除了海上尚有几次交战和陆上的零星战斗外，北美大陆战事已基本停止。1782年11月30日，英美签署《巴黎和约》草案，1783年9月3日，英国正式承认美国独立。至此，美国独立战争以胜利而告终。

独立战争的胜利，为美国资本主义的发展开辟了道路，也推动了

18世纪后期的欧洲各国的资产阶级革命，对于拉丁美洲殖民地人民反对宗主国西班牙和葡萄牙的解放运动也产生了积极的影响。

美利坚合众国的缔造者——华盛顿

1732年12月22日，乔治·华盛顿出生于弗吉尼亚的一个种植园主家庭，他自幼丧父，只继承了少量的田产和10个黑奴。16岁的时候，就去西部作土地测量员，后来又在俄亥俄河流域做过土地买卖，靠着自己的艰苦奋斗，华盛顿成为当地有名的大种植园主。

当时，英法两国为争夺北美殖民地进行了旷日持久的战争，英国为战胜法国，竭力争取北美大种植园主的支持，1754年，弗吉尼亚总督答应把20万英亩土地给参加反法战争的富人，华盛顿积极参加了英国方面对法作战，指挥弗吉尼亚地方武装英勇战斗，屡立战功，协助英军打败法军。但战争结束后，英国却立刻翻脸，宣布西部土地为王室私产，不准垦殖。这一禁令使华盛顿一下子丧失了3万多英亩土地，从此，他成为英国殖民政策的坚决反对者。

1775年4月19日，波士顿人民在莱克星顿打响了反抗英国殖民统治的第一枪，北美各州人民纷纷响应，轰轰烈烈的美国独立战争爆发了。

1775年6月，北美13个英属殖民地在费城召开大陆会议，华盛顿被任命为大陆军总司令。这时，波士顿义军正和那里的英军激战，华盛顿立即骑马出发，于7月3日抵达波士顿，他亲临前线指挥战斗，给英军以沉重打击。

在战争初期，美军打得非常艰苦，他们中的大多数人是临时招集来的农民，衣服破烂不堪，没有武器，没有受过正规军事训练，根本不像一支军队。另一方面，美军的后勤供应也极度的困难，士兵们经常吃不饱穿不暖，有时一连五六天吃不到面包，只好吃马料，在寒冷的冬季，有许多士兵不得不赤脚行军。相反，他们的对手英军却装备精良，训练有素，后勤供应充足。所以，美军一败再败，纽约等要塞相继失守，到1777年9月，连首都费城也被英军占领，有些意志不坚的将领竟率兵向英军投降。

在极端严峻的形势下，华盛顿始终忠于北美人民的独立事业，从来没有动摇过，他以非凡的才干，把原来自由散漫、缺乏组织纪律和统一指挥的美军组织起来，在战斗中锻炼成长，逐步建立了一支强大的正规军。他鼓励美军士兵，号召他们为自由而战，指出：美利坚人是自由的，还是奴隶；我们的田产应当归自己，还是被劫夺被毁坏；两条路，一条是勇敢地反抗，一条是驯服，正摆在独立军将士面前。他努力将各州团结起来，共同作战。1777年10月，美军在萨拉托加大败英军，从而扭转了整个独立战争的局面。与此同时，为了孤立英国，美国又多方展开了外交活动，争取法国等国的援助。1778年6月，法国军舰开进美国，英军被迫从费城撤退，把主攻方向转向南方。1780年，英军把主力转移到南方港口城市约克镇。法国和美军两路并进，直逼约克镇。法军用海军封锁海港，切断英军海上补给线，断绝了英国军队退路，华盛顿则率部从正面猛攻。

1781年9月，英军统帅康华利率部上千余人向华盛顿投降，美国独立战争取得了最后的胜利。独立战争胜利后，华盛顿解甲归田，回到弗吉尼亚继续经营自己的种植园，在葡萄树和无花果树的绿荫下享受宁静的田园生活。1787年，华盛顿再度出山，主持制宪会议，1789年4月，华盛顿当选为美国第一任总统。做完了两任总统，华盛顿又回到家乡过着退隐生活。1799年12月14日，华盛顿病逝。

拉丁美洲的独立运动

拉丁美洲独立战争是指1810～1826年西属美洲人民反对西班牙殖民统治的解放战争。

1810年北起墨西哥，南到阿根廷，到处树起独立大旗，拉丁美洲（西属美洲，又称为西班牙美洲地区）大陆的独立战争如火如荼地开展起来。战争有三个中心，即墨西哥、委内瑞拉和智利。

1810年9月16日，在墨西哥北部的一个偏远村落多洛雷斯，几千名印第安人揭竿而起，发出了"独立万岁！美洲万岁！打倒坏政府"的怒吼。这就是历史上著名的"多洛雷斯呼声"，领导这次起义的是47岁的教士伊达尔哥。

南美北部的独立运动是以委内瑞拉为中心的。这个地区的革命运动以及整个南美的解放战争都是和玻利瓦尔的名字分不开的。西蒙·玻利瓦尔（1783～1830）出生在加拉加斯一个克利奥尔大地主家庭，从小就深受启蒙主义的熏陶。

　　后来他又漫游欧洲，足迹遍及西班牙、意大利和法国。百折不挠的玻利瓦尔几经辗转来到委内瑞拉，经过他领导的一系列战斗，委内瑞拉第二共和国终于诞生了。但是玻利瓦尔并没有能巩固自己的基地，得到增援的殖民军迫使他放弃加拉加斯，委内瑞拉第二共和国又被扼杀。

　　到了1815年，随着拿破仑帝国的瓦解，回到西班牙王位的斐迪南七世在"神圣同盟"的支持下，增派一支多达万余人的政府军前往西属美洲。他们横行在新格兰那达、委内瑞拉，到处充满死亡和恐怖的气息。拉丁美洲（西属美洲，又称为西班牙美洲地区）各地的独立斗争都遭受挫折，殖民统治的阴影又笼罩了整个拉丁美洲。

　　1815年后，西属美洲殖民地人民的反抗进入了更艰苦的阶段。玻利瓦尔在失败后流亡牙买加，但他并没有就此放弃斗争，而是从挫折中总结了经验和教训，认识到尽管前途曲折，但殖民者终究是可以被打败的。1816年12月，玻利瓦尔带着一批勇士在委内瑞拉重新登陆，随即宣布解放奴隶。

　　接着玻利瓦尔在奥里诺科河畔建立起军事基地，并扩建了自己的队伍。经长距离的艰苦的远行军，于1819年8月初，他的军队同西班牙殖民军在波耶加展开激烈的战斗，取得了胜利，然后挥师直捣波哥大并占领该地。1819年12月，大哥伦比亚共和国宣告成立（1830年又分为委内瑞拉、哥伦比亚和厄瓜多尔），玻利瓦尔被选为这个共和国的总统和最高统帅。

　　1821年初，玻利瓦尔利用西班牙国内发生革命的有利局势并经过充分的准备，再次越过安第斯山，进兵委内瑞拉的北部。在卡拉博博平原，他以优势的兵力击溃了殖民军，乘胜解放加拉加斯。继之起义军在皮钦查战役获得了辉煌的胜利，迎来了厄瓜多尔全境的解放。就在玻利瓦尔连年征战的时候，圣马丁在南美南部接连获胜的捷报也频频传来。对西班牙殖民军实行南北夹攻，最后一击的时刻终于来到了。

1817年初，圣马丁带着他的远征军（其中三分之一是黑人）开始了翻越安第斯山的壮举。1818年4月5日在沃依金斯为首的爱国军的协助下，他们在智利首都圣地亚哥大败殖民军，1818年智利宣告独立。

圣马丁在进军智利以前就制定好了直捣殖民者老巢——秘鲁的计划。1820年8月，圣马丁为了不让敌人有喘息的机会，率军从智利经海上前往秘鲁。北上军队顺利登陆，占领秘鲁总督区首府利马。1821年7月，秘鲁独立，圣马丁被授予共和国"保护者"的称号。1822年7月下旬，南美独立战争的两雄玻利瓦尔和圣马丁终于在瓜亚基尔港会面了。圣马丁隐退，完成全部解放秘鲁的任务落到玻利瓦尔肩上。1823年9月，他率领的委内瑞拉和哥伦比亚军6000人进入秘鲁境内。他们同阿根廷和智利军4000人联合起来，于1824年8月6日在胡宁平原一举击溃敌人。同年12月9日，在阿亚库巧展开了"一次最终保证了西属南美洲独立的会战"。玻利瓦尔的战友苏克雷以少胜多，1825年秘鲁获得解放。为了纪念玻利瓦尔，改名玻利维亚。

1815年后，墨西哥的局势保持了相对的平静，但人数不等的游击队一直活跃在各地，"土地和自由"的口号仍然活在人们的心中。1820年西班牙发生革命，墨西哥政局出现了生机。掌握兵权的伊都德将军乘机出来活动，提出"宗教、联合和独立"的口号，在1821年宣布了墨西哥的独立。

在墨西哥的革命影响下，中美洲其他一些地区纷纷宣布独立，并在1823年成立"中美联合省"。1822年，巴西脱离葡萄牙而独立。

1826年1月23日，西班牙国旗在秘鲁的卡亚俄港黯然下降。300多年的黑暗统治结束了，西属美洲大陆殖民地取得独立，在历史上揭开了新的一页。

海地独立

海地原是西班牙的殖民地，17世纪，法国侵入海地西部，并设立了庞大的殖民机构。因海地物产富饶，成为法国资本原始积累的重要来源。

海地有三个社会层次的人：法国殖民者；黑白混血人和自由黑人，

他们虽在法律上享有和白人一样的权利，但实际受严重的种族歧视和隔离；黑奴，处于社会最底层，命运极为悲惨。

在法国资产阶级革命的影响下，1790年奥热在罗伯斯庇尔支持下起义，但在法军镇压下失败。次年，在希克曼领导下，海地黑奴起义。1791年，杜桑·卢维杜尔加入起义队伍。同时，皇戈率众在圣多明各起义。

垂涎海地的英国和西班牙1793年组成反法联盟，欺骗杜桑的起义军，使其加入了西班牙军。1794年，杜桑军和西班牙军占领了除海地城外的整个地区。1794年5月6日，杜桑与西班牙决裂，进攻西班牙驻军，后与法军会合，联合进攻西班牙军，几个月后，收复了被西班牙占领的所有领土。1795年西班牙与法国签订巴塞尔条约。西班牙从圣多明各撤军。1795年，英国殖民地牙买加爆发了逃奴起义，使英军在海地的作战部署全部被打乱，再加上西班牙军撤退，英军陷入孤军奋战的境地，加上疾病减员，英国政府宣布从圣多明各撤军。10月1日，英军投降。至此，杜桑赶走了全部的殖民军。

1801年6月，杜桑宣布海地独立，随后颁布了宪法，本人当上了终身执政。拿破仑企图再度控制海地，杜桑领导国民抵抗，法军连连败北。法军指挥官勒·克莱尔诱骗杜桑，在谈判中将其逮捕，最后杜桑惨死于法国。

杜桑死后，海地人民越战越勇，1803年10月，法军投降。11月，海地人民通过"独立宣言"。1804年1月1日，海地正式宣告独立。

日本明治维新

19世纪60年代日本在受到西方资本主义工业文明冲击的背景下所进行的由上而下、具有资本主义性质的全面西化与现代化改革运动。这次改革始于1868年明治天皇建立新政府，日本政府进行近代化政治改革，建立君主立宪政体；经济上推行"殖产兴业"，学习欧美技术，进行工业化浪潮；并且提倡"文明开化"，社会生活欧洲化，大力发展教育等措施。这次改革使日本跻身于世界强国之列，使日本近代化的起航，但是也使日本走上了对外侵略扩张的军国主义道路，对亚洲邻国造成了沉重的灾难。

1869 年 6 月，明治政府强制实行"版籍奉还"、"废藩置县"政策，将日本划分为 3 府 72 县，建立中央集权式的政治体制。

社会体制方面，废除传统时代的"士、农、工、商"身份制度，将过去的公卿诸侯等贵族改称为"华族"，大名以下的武士改为"士族"，其他从事农工商职业和贱民一律称为"平民"；为减轻因"版籍奉还"而连带的财政负担，政府通过公债补偿形式，逐步收回华族和士族的封建俸禄；此外亦颁布武士《废刀令》，以及建立户籍制度基础的《户籍法》。

社会文化方面，提倡学习西方社会文化及习惯，翻译西方著作。历制上则停用阴历，改用太阳历计日（年号除外）引进西方近代工业技术；改革土地制度，废除原有土地政策，许可土地买卖，实施新的地税政策；废除各藩设立的关卡；统一货币，并于 1882 年设立日本银行（国家的中央银行）；撤销工商业界的行会制度和垄断组织，推动工商业的发展（殖产兴业）。

教育方面，发展近代义务教育，将全国划分为 8 个大学区，各设 1 所大学，下设 32 个中学区，各有 1 间中学，每 1 中学区下设 210 小学区，每一所小学区设 8 所小学，总计全国有 8 所公立大学，245 所中学，53760 所小学。教育机关颁布《考育敕语》，灌输考道、忠君爱国等思想（有人认为此举用意在于强化最高权力集中式的社会体系，为日后的对外扩张铺路）。此外亦选派留学生到英、美、法、德等先进国家留学。

军事方面，改革军队编制，陆军参考德国训练，海军参考英国海军编制；并于 1872 年颁布征兵令，凡年龄达 20 岁以上的成年男子一律须服兵役。一般服役 3 年，及预备役 2 年，后来一般役及预备役分别增至 3 年及 9 年，总计 12 年。1873 年时，作战部队动员可达 40 万人。此外明治政府亦发展国营军火工业；到了明治时代中、后期，军事预算急剧增加，约占政府经费的 30%～45%，实行军国主义，武士道精神。

交通方面，改善各地交通，兴筑新式铁路、公路。1872 年，第一条铁路——东京（新桥）至横滨（樱木町）间铁路通车；到了 1914 年，日本全国铁路总里程已经超过7000千米。

司法方面,仿效西方制度,于1882年订立法式刑法,于1898年订立法、德混合式民事法,于1899年订立美式商法。

宗教方面,基于政治理由,政府大力鼓励神道教,因为其宣扬忠于天皇的思想,对天皇统治国家有一定的帮助。同时亦容许其他宗教的存在。

明治维新取得的积极成果主要是:(1)它实现了社会形态的更替,使日本社会由落后的封建历史发展阶段过渡到资本主义的阶段,并在这个基础上使日本仅用半个世纪的时间就发展成为先进的资本主义国家;(2)它为日本摆脱沦为半殖民地的危机创造了条件,使日本成为亚洲唯一能够继续保持民族独立的国家。因此,明治维新基本上完成了民主和民族革命的任务,扭转了日本民族的历史命运,是日本历史上具有重大进步意义的事件。

但是,明治维新也有其消极的一面。这首先表现在,日本虽然经历了一次深刻的社会变革,但在政治、经济和意识形态中仍保留了大量的封建残余,如天皇制,半封建的地主土地所有制等。因此,作为一次资产阶级革命,它又是不彻底的。其次,正是由于上述原因,日本虽然通过明治维新顺利地摆脱了沦为半殖民地的危机,但却迅速地走上了侵略和压迫其他民族的道路,成为一个新兴的帝国主义国家。这不仅给被侵略国家的人民,也给日本人民带来了极大的灾难。

第一次工业革命

资产阶级通过大规模地对外掠夺以及在国内实行的国债制度和消费税政策,积累了巨额财富,为工业革命提供了所必须的货币资金;大规模的圈地运动,为工业革命提供了大量的"自由"劳动力和广阔的国内市场。工场手工业的蓬勃发展,培养了大批富有实践经验的熟练工人,为机器的发明和应用创造了条件;自然科学的发展及其成就,特别是牛顿的力学和数学,为机器的产生奠定了科学理论基础。蓬勃发展的工场手工业,积累了丰富的生产技术知识,增加了产量,但仍然无法满足不断扩大的市场需求。于是,一场生产手段的革命呼之欲出。

工业革命首先出现于工场手工业新兴的棉纺织业。1733年，机械师凯伊发明了飞梭，大大提高了织布速度。1765年，织工哈格里夫斯发明了"珍妮纺纱机"，大幅度增加了棉纱产量。"珍妮纺纱机"的出现首先在棉纺织业中引发了发明机器、进行技术革新的连锁反应，揭开了工业革命的序幕。此后，在棉纺织业中出现了骡机、水利织布机等机器。不久，在采煤、冶金等许多工业部门，也都陆续有了机器生产。随着机器生产的增多，原有的动力如畜力、水力和风力等已经无法满足需要。1785年，瓦特制成的改良型蒸汽机投入使用，提供了更加便利的动力，得到迅速推广，大大推动了机器的普及和发展。人类社会由此进入"蒸汽时代"。随着工业生产中机器生产逐渐取代手工操作，一种新型的生产组织形式——资产阶级工厂诞生了。1840年前后，英国的大机器生产已基本取代了工厂手工业。革命基本完成，英国成为世界第一个工业国家。

第二次工业革命

19世纪最后30年和20世纪初，科学技术的进步和工业生产的高涨，被称为近代历史上的第二次工业革命。世界由"蒸汽时代"进入"电气时代"。在这一时期里，一些发达资本主义国家的工业总产值超过了农业总产值；工业重心由轻纺工业转为重工业，出现了电气、化学、石油等新兴工业部门。由于19世纪70年代以后发电机、电动机相继发明，远距离输电技术的出现，电气工业迅速发展起来，电力在生产和生活中得到广泛的应用。内燃机的出现及19世纪90年代以后的广泛应用，为汽车和飞机工业的发展提供了可能，也推动了石油工业的发展。化学工业是这一时期新出现的工业部门，从19世纪80年代起，人们开始从煤炭中提炼氨、苯、人造燃料等化学产品，塑料、绝缘物质、人造纤维、无烟火药也相继发明并投入了生产和使用。原有的工业部门如冶金、造船、机器制造，以及交通运输和电讯等部门的技术革新加速进行。

革命导师马克思

卡尔·马克思（1818～1883）是科学社会主义的奠基人，国际无产阶级的导师。马克思1818年5月5日出生于普鲁士一个犹太籍律师家庭。1835～1841年，先后在波恩大学和柏林大学学习法律。1837年，开始钻研黑格尔哲学，并于1841年大学毕业获哲学博士学位。1842年10月至1843年3月，任《莱茵报》主编。1843年6月，和燕妮结婚。同年秋，迁居巴黎，同卢格合办《德法年鉴》杂志。这时发表的一些文章表明他已成为唯物主义者和共产主义者。马克思对历史唯物主义和剩余价值学说的两大发现，使社会主义从

空想变成科学。1847年，同恩格斯一起受邀参加正义者同盟，并将其改组为共产主义者同盟。同年出席共产主义者同盟第二次代表大会，受大会委托，同恩格斯一起起草了同盟纲领，这就是《共产党宣言》。

《共产党宣言》问世

《共产党宣言》又译《共产主义宣言》，是卡尔·马克思和弗里德里希·恩格斯为共产主义者同盟起草的纲领，国际共产主义运动第一个纲领性文献，马克思主义诞生的重要标志，由马克思执笔写成。1848年2月在伦敦第一次以单行本问世。宣言第一次全面系统地阐述了科学社会主义理论，指出共产主义运动已成为不可抗拒的历史潮流。

1847年11月共产主义者同盟第二次代表大会委托马克思和恩格斯起草一个周详的理论和实践的党纲。马克思、恩格斯取得一致认识，并研究了宣言的整个内容和结构，由马克思执笔写成。

构成《宣言》核心的基本原理是：每一历史时代主要的生产方式与交换方式以及必然由此产生的社会结构，是该时代政治的和精神的历史所赖以确立的基础，并且只有从这一基础出发，历史才能得到说

明。从原始社会解体以来人类社会的全部历史都是阶级斗争的历史；这个历史包括一系列发展阶段，现在已经达到这样一个阶段，即无产阶级如果不同时使整个社会摆脱任何剥削、压迫以及阶级划分和阶级斗争，就不能使自己从资产阶级的统治下解放出来。

美国南北战争

南北战争，又称美国内战，是美国历史上一场大规模的内战，参战双方为北方的美利坚合众国（简称联邦）和南方的美利坚联盟国（简称邦联）。

这场战争的起因为美国南部 11 州以亚伯拉罕·林肯于 1861 年就任总统为由而陆续退出联邦，另成立以杰斐逊·戴维斯为"总统"的政府，并驱逐驻扎南方的联邦军，而林肯下令攻打"叛乱"州。此战不但改变了当时美国的政治情势，导致奴隶制度在美国南方最终被废除，也对日后美国的民间社会产生巨大的影响。

自由女神像

一个手持火炬、身穿长袍的女子高高耸立于纽约港湾的自由岛上。这座雕像原名为"自由照耀世界之神"，由铜板锤琢成型并铆接起来。对多数人而言，她是美国真正的象征。她的历史，和其创作之时美国、法国等国的革命有密切的关系。

1865 年 4 月 9 日，美国南北战争结束，以南方的失败告终。也是在这一年，美国政府宣布：要在 1876年，也就是美国建国 100 周年的国庆日期间举行盛大的庆祝活动。

法国著名自由主义者、法美协会成员、青年雕塑家弗雷德里克·阿古斯特·巴托尔蒂听到这一消息后，决定为美国人民雕塑一尊自由女神像，以颂扬美国的新共和与自由，并希望自由重返法国，因为此前的 1851 年，路易·波拿巴发动军事政变推翻了法兰西第二共和国。女神像表达了作者对自由的向往和热爱，他也想以此唤醒人们热爱自由、追求自由的精神。

当时各国如火如荼的革命斗争对巴托尔蒂留有深深的印象。提起自由女神，巴托尔蒂立刻回忆起历史上那使他终生难忘的一页：1851年12月1日，路易·拿破仑·波拿巴发动政变，推翻第二共和国的那一天，他亲眼目睹了一位少女手擎火把，高喊"前进！前进！"她无视荷枪实弹的士兵，越过路障。后来波拿巴的士兵朝着少女开枪射击，她倒在了血泊之中。

这位为革命牺牲的少女的精神和形象刻在了巴托尔蒂的心中。1869年，巴托尔蒂完成了塑像底稿设计，他参考了在爱琴海滨的阿波罗青铜雕像，选择了一位名叫珍妮的美貌少女为"自由女神"的模特，面容则是他自己母亲的形象。1875年，雕像初具雏形。在美国独立100周年纪念展览会上，巴托尔蒂展出了女神火把的手臂，仅食指就有2.44米，在美国引起轰动。

回到法国之后，巴托尔蒂便着手将"自由女神"运往纽约港。1885年6月，自由女神像的铜构件分装210箱上了"伊泽尔"号轮船，运抵纽约。1886年10月28日，美国第22任总统罗弗·克利夫兰亲自主持了自由女神像的揭幕典礼，自由女神便成了美利坚民族的标志。1916年12月2日，德罗·威尔逊总统亲自为之打开灯钮，女神像又成了海上一座灯塔。

女神身着宽松的长袍，头戴漂亮的额箍，面容端庄慈祥。她双唇紧闭，右手高举，手中紧握一把象征自由的火炬，左臂捧着一部长度为23.7英尺的《独立宣言》，上写"1776.7.4"，一双炯炯有神的大眼睛眺望着远方。她所戴的王冠上有着7条长尖状的突出物，象征自由之光照耀在七大洲和七大海洋，脚上的断铁镣表示推翻暴政取得了胜利。雕像的基座高154.2英尺，边长62英尺，整体总高305.1英尺，格外引人注目。她是纽约的象征，也是美利坚民族的象征。

俄国 1905 年革命

20世纪初，俄国作为军事封建帝国主义国家，还保存着大地主土地占有制和沙皇专制统治，成为政治上极其反动、经济上又很落后的国家。沙皇政府对外依赖外国资本，热衷侵略扩张；对内实行残暴的阶级压迫、民族压迫和经济剥削。

1905年1月16日（俄历1月3日），彼得堡普梯洛夫工厂1.2万名工人为反对厂主开除4名工人举行罢工。其他工厂工人群起响应，几天内罢工人数达到15万人。沙皇政府密令加邦牧师，诱使工人游行。1月22日（俄历1月9日，星期日），14万工人和家属前往冬宫广场，准备向沙皇呈递请愿书，其中提出言论出版自由、8小时工作制、土地归农民、人民在法律上一律平等、召开立宪会议等要求。埋伏的军警向工人们开枪，1000多人死难，数千人受伤，史称流血的星期日。

野蛮屠杀激起各地罢工运动蓬勃发展。1～8月，全国参加罢工人数达80万。在罢工斗争中创造了工人代表苏维埃这一组织形式。6月间，黑海舰队装甲舰波将金号的水兵自发举行起义，击毙反动军官，把军舰开往正在举行总罢工的敖德萨。

10月26日起斗争逐渐发展为全俄各行各业的政治罢工。参加罢工的有2000多个大工厂，200多万工人。沙皇被迫于10月30日（俄历10月17日）颁布诏书，答应召集具有立法权的国家杜马，允诺人民有言论、集会、出版、结社等自由。以V.I.列宁为首的布尔什维克党揭露了沙皇政府的宪政阴谋，号召人民把革命推向前进，举行武装起义，推翻沙皇专制制度。

12月20日（俄历12月7日），莫斯科工人代表苏维埃在布尔什维克党领导下举行总政治罢工，成立工人义勇队。十二月武装起义是1905年革命发展的最高峰。1906～1907年，革命运动逐渐走向低潮。1907年沙皇政府发动六三政变，撕毁《十月十七日宣言》，革命遂告失败。

1905年革命使俄国工人阶级受到一次深刻的教育和锻炼，他们创造性地运用了总政治罢工、武装起义等斗争方式，创立新的组织形式——苏维埃，是无产阶级革命的一次总演习。

墨西哥资产阶级革命

1876年，由美国支持的反动军人迪亚斯（1830～1915）发动政变，攫取了总统职位。1876～1911年，他一直是掌握全权的独裁统治者。他的反动政策引起了墨西哥中下阶层人士的反对。1910年，代表资产阶级和自由派地主利益的马德罗（1873～1913）被推为总统候选人。他提出保护民族工业、反对独裁、建立宪政国家等口号，竟被投入监狱。马德罗越狱后，号召人民起义，推翻迪亚斯政权，把土地分给农民。马德罗的号召得到了南北两支农民武装的支持。在北部，维亚领导的农民武装击败了政府军，并同马德罗会合。在南部，由萨帕塔领导的农民武装也占领了大片地区，并向首都墨西哥城进军。1911年5月，在南北两支农民军的夹击和首都人民反对浪潮的压力下，迪亚斯被迫下台，逃往欧洲。

马德罗上台后，并未兑现他解决农民土地问题的诺言，还下令解散农民武装。帝国主义和国内反动势力利用人民的不满情绪，支持反动军官韦尔塔发动政变，韦尔塔捕杀了马德罗，自任为总统。但这次政变再次激起人民的愤怒，南北两支农民武装又开始同新的反动政权作战。代表资产阶级和自由派地主利益的卡兰沙（1859～1920）也组织了护宪军投入战斗。1913年夏，维亚的农民武装同卡兰沙的军队一起同韦尔塔作战。1914年4月，美国总统伍德罗·威尔逊借口要"教训拉丁美洲人民选举好人"，派军舰侵犯墨西哥湾。墨西哥工人武装、农民武装和护宪军结合起来，于这年7月推翻了韦尔塔的反动统治，卡兰沙夺取了政权。11月，美国干涉军被迫撤走。

为了巩固政权，卡兰沙实行了一些社会改革，于1915年颁布了土地法令，1916年召开了立宪会议，1917年2月完成新宪法的制定。1917年墨西哥宪法第27条规定土地、森林、河流和矿藏归国家所有，国家有权收回外国人攫取的土地和矿场。还规定限制教会权力，废除大地产制，发展小土地所有制。第123条规定工人有结社、罢工权，实行八小时工作制，每周工作6天，禁止使用童工。这是一部资产阶级民主主义的宪法。

萨拉热窝事件

1914年6月28日，奥匈帝国在其吞并不久的波斯尼亚邻近塞尔维亚的边境地区进行军事演习,以塞尔维亚为假想敌人。6月28日是塞尔维亚和波斯尼亚联军在1389年被土耳其军队打败的日子,是塞尔维亚人民的国耻日。奥匈帝国演习选定在这一天是具有挑衅意义的。奥匈皇储斐迪南大公亲自检阅了这次演习,演习结束后,斐迪南大公返回萨拉热窝市区时,被塞尔维亚青年普林西普击中毙命。这就是著名的萨拉热窝事件。德、奥匈帝国立即以此作为发动战争的借口,挑起了第一次世界大战,这一事件遂成为第一次世界大战的导火线。

第一次世界大战

第一次世界大战(简称一战,1914年8月～1918年11月)是一场主要发生在欧洲但波及到全世界的世界大战。当时世界上大多数国家都卷入了这场战争。第一次世界大战是一场非正义的、帝国主义争霸性质的掠夺战争。

战争过程主要是同盟国和协约国之间的战斗。德意志帝国、奥匈帝国和意大利是同盟国,英国、法国、俄罗斯帝国和塞尔维亚是协约国。在1914年至1918年期间,很多在亚洲、欧洲和美洲的国家都加入了协约国。战场主要在欧洲。值得注意的是意大利虽是同盟国,但是后来英国、法国及俄国与意大利签订密约,承诺给予意大利某些土地,结果意大利加入了协约国对抗同盟国。

这场战争是欧洲历史上破坏性最强的战争之一。大约有6500万人参战,1000万左右的人失去了生命,2000万左右的人受伤。

战争的导火索是1914年6月的萨拉热窝事件,战线主要分为东线(俄国对德奥作战)、西线(英法对德作战)和南线(又称巴尔干战线)(塞尔维亚对奥匈帝国作战)。其中西线最惨烈,著名的战役有马恩河战役、凡尔登战役和索姆河战役。

巴黎和会

1918年11月,第一次世界大战宣告结束。1919年1月,胜利的协约国集团为了解决战争所造成的问题,以及奠定战后的和平,于是召开巴黎和会。这个和会因为战败国和中立国均未获邀请参加,所以这是胜利国举行的和会，而胜利国又有大小之分别，它又是个大国操纵的和会。分别由美国总统威尔逊、英国首相大卫·劳合乔治、法国总理克里孟梭主导了和会的进行。

和会上签订了处置战败国德国的《凡尔赛和约》，同时还分别同德国的盟国奥地利、匈牙利、土耳其等国签订了一系列和约。这些和约和《凡尔赛和约》构成了凡尔赛体系，确立第一次世界大战后由美国、英国、法国等主要战胜国主导的国际政治格局。会议通过领土分配及赔款等措施重塑世界政治格局，遏制德国及苏维埃俄国等战败国及社会主义国家，但与此同时通过筹组国际联盟来企图建立理想的国际外交规范。

参加巴黎和会的各国代表有1000多人，其中全权代表70人。和会及后续的活动先后完成对各战败国的和约，其中对德国的《凡尔赛条约》最为重要，对日后的国际关系有着深远的影响。

凡尔赛—华盛顿体系

第一次世界大战后，英国、法国、美国、日本等战胜国通过巴黎和会及华盛顿会议建立的帝国主义和平体系。

1919年1月18日～1920年1月21日，第一次世界大战的战胜国与战败国在巴黎凡尔赛宫召开和平会议。其间，协约国同德国于1919年6月28日签订了《协约和参战各国对德和约》，通称《凡尔赛和约》。和约关于对德和约部分规定：①确定了战后德国的新疆界。②德国放弃其海外一切殖民地及领地。③限制德国的军备及确定德国的战争赔款。此外，协约国还同德国的盟国分别签订了和约。协约国同德国及其盟国缔结的上述一系列和约，构成了凡尔赛体系。

巴黎和会未能解决远东及太平洋问题，美国为打击日本独霸中国的政策，削弱英国的海上霸权并拆散英日同盟，于1921年11月12日～1922年2月6日举行华盛顿会议，美、英、日、中、法、意、比、葡、荷9国出席。1921年12月13日，美、英、法、日签订了《美、英、法、日关于太平洋区域岛屿属地和领地的条约》（通称《四国条约》），以取代英日同盟。1922年2月6日，美、英、法、意、日签订了《美、英、法、意、日五国关于限制海军军备条约》（通称《五国海军条约》），同一天，出席会议的 9 国还签署了有关中国问题的《九国关于中国事件适用各原则及政策之条约》（通称《九国公约》），确定了美国提出的在中国实行"门户开放，机会均等"政策的原则。

华盛顿会议实质上是巴黎和会的继续和补充，帝国主义战胜国占支配地位，非欧洲大国美、日第一次参与主宰世界事务，以侵犯中国权益，最后完成了帝国主义在第一次世界大战后对世界的重新瓜分，从而建立起战后帝国主义国家间的多极结构，即凡尔赛—华盛顿体系。这个体系暂时维持了资本主义世界的平衡。但是，随着资本主义世界经济、政治危机的发展，以及帝国主义国家间发展不平衡的加剧，自 30 年代起，该体系被德、日、意法西斯国家的一系列侵略行径所打破。1939 年 9 月，德国进攻波兰，发动了第二次世界大战，凡尔赛—华盛顿体系彻底崩溃。

俄国十月革命

十月革命（又称布尔什维克革命、俄国共产革命等），是 1917 年俄国革命经历了二月革命后的第二个阶段。十月革命发生于 1917 年 11 月 7 日（俄历 10 月 25 日）。前苏联等社会主义国家及组织普遍认为，十月革命是经列宁和托洛茨基领导下的布尔什维克领导的武装起义，建立了人类历史上第三个无产阶级政权——苏维埃政权和由马克思主义政党领导的第一个社会主义国家（第一个是巴黎公社无产阶级政权，第二个是匈牙利苏维埃共和国）。革命推翻了以克伦斯基为领导的资产阶级俄国临时政府，为 1918～1920 年的俄国内战和 1922 年苏联成立奠定了基础。

第四章 世纪之战——现代历史

1929 年世界经济危机

1929 年 10 月 24 日，纽约股市暴跌。从那时起至 1932 年，纽约股票价格跌掉六分之一以上，全美证券贬值总计 840 亿美元。纽约股市跌暴后，美国经济陷入危机。美国大量抽回对德国的投资，德国经济跟着全面崩溃。英国在德国也有大量投资，英国证券市场随之崩盘，英国经济陷入危机。法国经济的独立性相对高一些，但也摆脱不了对国际市场的依赖，而且此前法国经济本身也早已出现投资过热，到 1930 年，法国终于陷入危机。这样，一场席卷全球的大萧条拉开了序幕。

罗斯福新政

1929 年到 1933 年，是资本主义经济大危机时期，美国首当其冲，经济濒临崩溃、社会动荡不安，陷入极为严重的经济和社会危机中。然而，当时的胡佛政府面对危机却无所作为。危机时刻，富兰克林·罗斯福当选总统，他利用国家干预手段，提出了一系列缓解危机的经济和社会改革措施，史称罗斯福新政。

"新政"的主要内容有：

（1）整顿和改革财政金融。对破产银行进行整顿，使银行资本高度集中，对各大银行开业进行补助及贷款。恢复存户对银行的信任。放弃金本位，实行美元贬值，禁止黄金出口，以加强美国商品在世界市场的竞争能力。

（2）调节工业生产。监督生产，调整商业金融。规定工业产量，市场分配价格。以此调节工业生产，避免盲目竞争和生产过剩现象。

（3）限制农业生产。有计划地缩减农业生产规模，销毁"过剩"农产品，以提高农产品的价格，克服农业生产危机。

（4）调节劳资关系，举办公共工程和社会救济。规定工人有组织工会和集体同资本家谈判合同的权利，资本家不得禁止工人罢工。调节劳资纠纷。规定工人每周最高工时和每小时的最低工资额，禁止使用童工。为失业者和老年人提供失业津贴和老年人年金，拨出大批款项兴办公共工程，为大量失业者提供就业机会，增加社会购买力。

"新政"实施的主要时期是 1933 年至 1936 年间，而到 1938 年势头减弱。

作用：

（1）"新政"使美国比较顺利地渡过了经济危机，在一定程度上刺激了经济的发展。

（2）保存了资产阶级的民主制度，避免出现法西斯政权。

（3）改善了广大人民的生活，有利于美国无产阶级。

（4）"新政"用国家干预来调整经济生活，消除经济萧条和危机，大力加强国家资本主义，这对以后美国及其他资本主义国家政府的政策产生了不同程度的影响。

意大利法西斯专政

第一次世界大战后初期的经济危机，引起了革命运动的高涨。为了巩固统治，意大利大资产阶级希望实行极权统治。墨索里尼于 1919 年建立法西斯组织，1921 年正式建立法西斯党。墨索里尼率领法西斯分子以残酷的手段镇压工人运动，赢得了大资产阶级的欢心和支持。1922 年秋，法西斯分子已经控制了意大利的北部和中部许多地区，墨索里尼又纠集 5 万工人党徒准备向罗马进军。10 月，意大利国王任命墨索里尼担任总理，法西斯党在意大利开始建立。

日本法西斯专政的建立

1929 年经济危机发生后，早在 20 世纪 20 年代中期已形成的军部法西斯帮派"军内革新派"便掀起了"国家改造"的浪潮，要求取消议会制、结束政党内阁、实行军部独裁，并采用对外扩大侵华战争、对内策划刺杀、政变来实现其目标。从 1930 年 11 月 4 日刺杀滨口首相开始，日本刺杀和政变事件频频发生，并逐步扩大对中国的侵略。

1931 年 10 月政变未遂之后，日本军部法西斯分化成皇道派和统制派。皇道派继续用原来的方式，以图建立以天皇为中心、以皇道派为主体的法西斯体制。于是发生了 1932 年的"血盟团"刺杀事件和"五·一五"暴乱事件，直至 1936 年 2 月 26 日皇道派少壮军官发动的军事政变。"二·二六"政变遭到镇压后，皇道派首领荒木贞夫、真崎三郎等退出现役。皇道派从此一蹶不振，军部大权完全落到统制派手中。统制派在三井、三菱、安田、住友四大财阀支持下，实行"断然改革"的方针，确立军部对国家的统治权。1936 年 3 月 9 日，在统制派的支持下广田弘毅组阁。广田遵照军部意愿遴选阁僚，组成了听命于军部的内阁，并提出"广田国防"的口号，把日本的政治、经济、文化都纳入法西斯军国主义的轨道。在政治上，恢复军部大臣的现役武官制，使军部控制内阁合法化。取消议会多数的政党内阁制，取消议会对内阁的监督权，继续压制人民的民主自由权利。在经济上，加速国民经济军事化，加强对石油、汽车、粮食等重要战略物资的控制。在对外政策和军事上，8 月 7 日的五相会议确立了"基本国策纲要"，规定"在排除苏联威胁的同时，防备英美，实现日满华三国的紧密合作，筹划我民族和经济向南、特别是外南洋方面发展"。"纲要"提出日本的陆军军备要足以对抗苏远东兵力，海军军备要足以对抗美国海军，为此陆海军部制订了庞大的扩军计划。广田内阁的成立标志着由军部统制派为代表的天皇制法西斯体制的建立。

第二次世界大战

1939 年 9 月 1 日～1945 年 9 月 2 日，以德国、意大利、日本法西斯等轴心国（即保加利亚、匈牙利、罗马尼亚等国）为一方，以反法西斯同盟和全世界反法西斯力量为另一方进行的第二次全球规模的战争。从欧洲到亚洲，从大西洋到太平洋，先后有 61 个国家和地区、20 亿以上的人口被卷入战争，作战区域面积 2200 万平方千米。据不完全统计，战争中军民共伤亡 9000 余万人，4 万多亿美元付诸流水。第二次世界大战最后以美国、苏联、中国、英国等反法西斯国家和世界人民战胜法西斯侵略者赢得世界和平与进步而告终。

敦刻尔克大撤退

1940年5月10日早晨，134个德国师在3000多辆坦克的引导下，向着荷兰、比利时、卢森堡和法国全线猛扑过来，德军的主攻方向选在了马其诺防线的北端——曾被视为是坦克无法通过的陡峭而森林密布的阿登山区。这让英法联军大失所料。仅仅十多天工夫，德国的装甲部队就横贯法国大陆，直插英吉利海峡岸边，将北面的英法联军主力完全隔断在比利时境内。灾难来得如此突然，整个法国就像一只被戳破的气球，陷于惊恐和瘫痪之中。英国远征军司令戈特勋爵不想让麾下的几十万精兵强将去为法国人陪葬，乘德军尚未封闭包围线的时机，他下令迅速实施代号为"发电机"的撤退行动。40万联军官兵且战且退，最后全部聚集到了敦刻尔克海滩。而此时德国军队从南、北、东三个方向海滩步步紧逼，德军最近的坦克离这个港口仅10英里，西面的英吉利海峡成为联军绝处逢生的唯一希望。就在这时，德军却接到了希特勒亲自下达的停止前进命令——这一命令被很多军事历史学家认为是希特勒在二战中第一个愚蠢的命令，实际上，希特勒的这一命令是有他的考虑的，首先是为了保存装甲部队，使其在对法国南部和对苏联作战中发挥作用，而德国空军司令、纳粹二号人物戈林也向他保证，德国空军完全有能力消灭敦刻尔克的英法联军残部；此外，希特勒还打算与英国媾和，让一部分英军撤回英国，政治上有助于媾和。

英国政府趁机紧急调集了所有能抽调的军舰和民船，无数业余水手和私人船主也应召而来，他们驾着驳船、货轮、汽艇、渔船，甚至花花绿绿的游艇，冒着德国飞机、潜艇和大炮的打击，往返穿梭于海峡之间，将一批批联军官兵送回到英国本土。从5月26日到6月4日，短短10天时间，这支前所未有的"敦刻尔克舰队"把35万大军从死亡陷阱中拯救出来，为盟军日后的反攻保存了大量的有生力量，创造了二战史上的一个伟大的奇迹。

斯大林格勒会战

斯大林格勒会战，又称斯大林格勒保卫战，是二战中前苏联卫国战争的主要转折点，是第二次世界大战的转折点，也是人类历史上最为血腥和规模最大的战役之一。战役包括下述部分：1942年5月德军横扫苏联西南地区，逼近斯大林格勒；德国空军对苏联南部城市斯大林格勒的大规模轰炸行动；德军攻入市区；市区巷战；苏联红军反击；最终合围全歼轴心国部队。轴心国一方在这场战役中损失了其在东线战场四分之一的兵力，并从此一蹶不振直至最终溃败。对苏联一方而言，这场战役的胜利标志着收复沦陷领土的开始，最终迎来1945年5月对纳粹德国的最后胜利。

日本偷袭珍珠港

1941年12月7日凌晨（夏威夷时间），日本以大量海空军突袭美国在太平洋的主要海军基地珍珠港，致使停泊在港内的美国太平洋舰队主力遭受重创，从而揭开了太平洋战争的序幕。史称"珍珠港事件"。

珍珠港位于夏威夷群岛的瓦胡岛南端，与驻有美军的关岛、马尼拉港构成锥子形，插向西太平洋，是日本南进扩大战争的主要障碍。1941年初，日本联合舰队司令长官山本五十六海军大将策划袭击珍珠港，以保障南进作战计划的顺利实施。

战前，日本进行了周密准备，欺骗麻痹美国。因此，直到大战在即，夏威夷岛上的美军仍毫无战斗准备。日本皇家海军的飞机和微型潜艇突然袭击美国海军基地珍珠港以及美国陆军和海军在夏威夷瓦胡岛上的飞机场。这次袭击最终将美国卷入第二次世界大战，它是继19世纪中墨西哥战争后第一次另一个国家对美国领土的攻击。

德黑兰会议

第二次世界大战期间，美、英、苏三国首脑罗斯福、丘吉尔和斯大林在伊朗首都德黑兰举行的会议。1943 年反法西斯战争各主要战场形势发生根本转折，盟国已经取得战略进攻的主动权。为商讨加速战争进程和战后世界的安排问题，美、英、苏三国首脑于 1943 年 11 月 28 日至 12 月 1 日在德黑兰举行会晤。

德黑兰会议主要内容有：开辟欧洲第二战场问题。决定于 1944 年 5 月在法国南部开辟第二战场；就战后成立一个维护世界和平与安全的国际组织问题交换了意见；就战后如何处置德国的问题进行了初步讨论，三国提出不同的分割方案；波兰问题。三国一致赞成战后重建独立的波兰，其边界西移，将德国东部的部分地区并入波兰；苏联对日作战问题。苏联表示在欧洲战争结束后参加对日作战。

会议签署了《苏、美、英三国德黑兰宣言》和《苏、美、英三国德黑兰协定》，三国表示今后将"共同协作""力求所有大小国家的合作……，全心全意抱着消除暴政和奴役、迫害和压制的热忱"。

诺曼底登陆

诺曼底登陆战役，是 20 世纪最大的登陆战役，也是战争史上最有影响的登陆战役之一。盟军先后调集了 36 个师，总兵力达 288 万人，其中陆军有 153 万人，相当于 20 世纪末美国的全部军队。从 1944 年 6 月 6 日至 7 月初，美国、英国、加拿大的百万军队，17 万辆车辆，60 万吨各类补给品，成功地渡过了英吉利海峡。到 7 月 24 日，战争双方约有 24 万人被歼灭，其中盟军伤亡 12.2 万人，德军伤亡和被俘 11.4 万人。至 8 月底，盟军一共消灭或重创德军 40 个师，德军的多名集团军司令先后被撤职或离职，击毙和俘虏德军集团军司令、军长、师长等高级将领 20 人，缴获和摧毁德军的各种火炮 3000 多门，摧毁战车 1000 多辆。德军损失飞机 3500 架，坦克 13 万辆，各种车辆 2 万辆，人员 40 万。诺曼底登陆成功，美英军队重返欧洲大陆，使第二次世界大战的战略态势发生了根本性变化。

攻克柏林

1945 年 4 月 16 日至 5 月 8 日，在第二次世界大战的苏德战争中，苏军实施的最后一次战略性进攻战役。苏军共集中了白俄罗斯第一、二方面军、乌克兰第一方面军等三个方面军 162 个师和骑兵师，2 个坦克军和机械化军，4 个空军集团军，共 250 万人，另配属 7500 架飞机、4.2 万门火炮、6250 辆坦克和自行火炮，当面之敌为德军维斯瓦集团军群和中央集团军群，总计 48 个步兵师、9 个摩托化师、6 个装甲师，共 100 万人，10400 门火炮和迫击炮，1500 辆坦克和强击火炮、3300 架作战飞机。战役于 1945 年 4 月 16 日发起，先后突破奥得河、尼斯河防线。25 日又对柏林形成包围。苏军在对柏林的强攻中采取多路向中心突击，经激烈巷战，于 4 月 27 日突入柏林中心区，29 日开始强攻国会大厦。30 日希特勒在总理府地下室自杀。5 月 2 日柏林卫戍司令。

H. 魏德林将军率部投降。8 日德军统帅部代表 W. 凯特尔元帅在柏林签署向苏军和盟国远征军无条件投降书。整个战役，苏军共消灭德军 70 个步兵师，23 个装甲师和摩托化师，歼灭德军近 100 万人，其中俘获官兵约 48 万人，缴获火炮 8600 门、坦克和自行火炮 1500 余辆、飞机 4500 架。苏军伤亡 33 万人（其中死亡 10 万）、坦克和自行火炮 2156 辆、火炮 1220 门和飞机 527 架。柏林战役的结束，标志着法西斯德国的灭亡。

波茨坦会议

1945 年 5 月德国无条件投降，欧洲反法西斯战争胜利结束，但在远东对日作战还在激烈进行。为了商讨对德国的处置问题和解决战后欧洲问题的安排，以及争取苏联尽早对日作战，1945 年 7 月 17 日到 8 月 2 日，美、英、苏 3 国首脑杜鲁门、丘吉尔（7 月 28 日以后是新任首相艾德礼）和斯大林在柏林近郊的波茨坦举行战时第 3 次会晤，史称"波茨坦会议"或"柏林会议"。经过争论与协商，在一些主要问题上达成了协议。

关于苏、美、英、法 4 国占领德国的基本原则是：应使德国非军国主义化、民主化，肃清纳粹主义，消灭垄断集团，重建德国经济。关于德国战争赔偿问题，最后商定赔偿应由每个占领国从自己的占领区征收，苏联还从西方占领区取得所拆迁的德国工业设备的 25%，其中

10%是无偿获得，15％用粮、煤交换。

会议承认了新成立的波兰全国统一临时政府，并确定了波兰的疆界问题，会议决定设立苏、美、英、法、中5国外长会议，负责准备同欧洲战败国的和约。此外还讨论了对意、罗、保、匈、芬等国的政策及其加入联合国组织的问题。

7月26日，以美、英、苏3国宣言形式发表了《波茨坦公告》，敦促日本立即无条件投降，宣布了盟国占领日本后将实施的基本原则，并重申《开罗宣言》必须实施。8月2日，《苏英美三国波茨坦会议议定书》签字。

雅尔塔会议

随着反法西斯德国军事行动的发展，结束战争和安排战后世界而产生的一系列政治问题需要迅速解决，特别是应该制定盟军在反希特勒德国战争最后阶段的协同一致的军事行动计划，处置战败的德意志"帝国"的基本原则，对日作战，实现战后世界国际安全问题的基本原则，客观上愈加迫切地需要三大盟国举行新的最高级会晤。

在1945年2月4日到11日8天时间里，3国政府代表团通过全体会议、领导人私下会晤、参谋长或外长分组会议等途径，对上述重大问题进行了时而紧张、时而宽松妥协的讨论，最后发表了会议公报，签订了《雅尔塔议定书》和秘密的《雅尔塔协定》。

在雅尔塔会议上，三巨头首先重点研究了处置战后德国的问题。他们一致同意对德国实行分割政策。战后德国由苏、美、英、法分区占领。后来分区占领发展成为东西两个德国，并且以东西德的分界为界限，东德划入苏联势力范围，西德划入美国势力范围。关于向德国索赔问题，英美同意苏联提出的"战争赔偿总额为290亿美元，其中

50％归苏联”的建议。

接着，三国领导人就对日作战条件达成协议并签了字。根据这个协定，苏联要在德国投降及欧战结束后 2 个月或 3 个月内参加对日作战，其条件是：（1）外蒙古（今蒙古共和国）现状须予维持；（2）库页岛南部及邻近一切岛屿须交还苏联；大连商港须国际化，苏联在该港的优越权益须予保证，苏联租用旅顺港为海军基地须予恢复；苏中共同经营中东铁路和南满铁路，但苏联的优先权益须予保证，中国可保持在“满洲”的全部主权；（3）千岛群岛须交予苏联。显然，这个协定是美苏在亚洲划分势力范围相互妥协的产物。他们背着当时作为四大盟国之一的中国政府和人民，作出了侵犯中国主权和利益的协定。

由于非洲、拉美及亚洲很大一部分地区战前曾是西方国家的殖民地、半殖民地或附属国，美英认为这些地区理所当然是西方势力范围，所以会上没有涉及。雅尔塔会议无疑为战后世界以美苏两极为主导的战略格局奠定了基础。因而后来人们惯常称这种格局为雅尔塔格局或雅尔塔体系。

当然，总的来说，雅尔塔会议协调了反法西斯盟国彻底打败德日侵略者的军事行动计划，而且就如何处置战败国及建立战后世界和平秩序等问题作出了一系列重大决定，它对于巩固反法西斯联盟、推动反法西斯战争的最后胜利起到了重要的作用。

第五章　错综复杂——当代历史

联合国的建立

联合国创建于世界反法西斯战争胜利的凯歌声中。联合国这一名称是美国总统罗斯福提出的，1942 年 1 月 1 日，正在对德国、意大利、日本法西斯作战的中国、美国、英国、苏联等 26 国代表在华盛顿发表了《联合国家宣言》。1945 年 4 月 25 日，来自 50 个国家的代表在美国旧金山召开"联合国家国际组织会议"。6 月 16 日，50 个国家的代表签署了《联合国宪章》，后又有波兰补签。同年 10 月 24 日，中华民国、法兰西、苏维埃社会主义共和国联盟、大不列颠及北爱尔兰联合王国、美利坚合众国和其他多数签字国递交了批准书后，宪章开始生效，联合国正式成立。1947 年，联合国大会决定，10 月 24 日为联合国日。

1946 年 1 月 10 日至 2 月 14 日，第一届联合国大会第一阶段会议在伦敦举行。51 个创始会员国的代表参加了这次会议，联合国组织系统正式开始运作。

德国分裂与统一

苏联红军攻克柏林，根据雅尔塔条约，德国被分为东德和西德，柏林也被分为东西两部分，东德由苏联掌管，实行社会主义制度，西德由美英掌管，实行资本主义制度。一直到 1990 年苏联解体前德国才在 1990 年 10 月 3 日，实现统一。统一后的德国称为德意志联邦共和国，继续沿用原西德的国旗、国徽和国歌。统一后的德国出现在欧洲中心地带，是除俄罗斯外欧洲人口最多的国家，面积仅次于西班牙和法国，国民生产总值接近英法的总和，成为欧洲名列前茅的经济大国，现在德国工业发达、科技领先，拥有雄厚的资金和巨大的发展潜力。

美苏争霸

第二次世界大战期间，美国、苏联、中国和英国等国为了反对共同的敌人，结成世界反法西斯联盟。二战结束不久，美国对苏联等社会主义国家推行冷战政策。赫鲁晓夫上台以后，提出同美国平起平坐、实现美苏合作、共同主宰世界的基本战略。随着苏联经济、军事实力进一步增强，从20世纪50年代后期起，美苏争霸的格局逐渐形成。美苏争霸分为三个阶段：

20世纪50年代中期至20世纪60年代初，是美苏争霸的第一阶段。这一时期的特点是既有缓和又有争夺。1955年，苏联主动与西方国家合作，签订了对奥和约。同年，苏联同联邦德国建立外交关系。1959年赫鲁晓夫访问美国。1961年苏联修筑"柏林墙"，封锁了东西柏林边界，使美苏关系更加紧张。1962年古巴导弹危机，表明苏联开始走上同美国进行全球争夺的道路，同时也表明当时的战略优势仍然在美国方面。这一时期，苏联还对中国推行霸权主义，企图控制中国，使得中苏关系恶化。

20世纪60年代中期至20世纪70年代末是美苏争霸的第二阶段。苏联处于攻势，美国转攻为守。自1964年勃列日涅夫上台至20世纪70年代，苏联的经济实力同美国的差距大为缩短，1975年，苏联的工业总产值上升，相当于美国的80%。苏联在军备方面赶上了美国，苏联的战略导弹至1975年已达2402枚，超过美国40%，这一时期苏联推行与美国争夺世界霸权的积极进攻战略。美苏争霸的重点在欧洲，美苏在欧洲都集结了重兵，处于两军对峙的僵持状态。苏联1979年入侵阿富汗，标志着苏联霸权主义政策发展到了顶点。1969年后的尼克松主义，调整全球军事部署，收缩亚洲兵力，1973年从越南撤军，1979年同中国建交。

20世纪80年代初至20世纪90年代初，是美苏争霸的第三阶段。1981年，里根出任美国总统以后，开始对苏联采取强硬态度，遏制苏联在全球的扩张势力。在核战略和核军备方面，美国提出了"星球大战"计划，通过以高技术为核心的新一轮军备竞赛，从而拖垮经济力量相对落后的苏联。在争夺第三世界方面，美国立足于在军事上打小规模的局部战争，打击亲苏政权。苏联由于国内经济发展缓慢，在与美国的争霸中背上了沉重的包袱。1985 年戈尔巴乔夫上台执政后，开始放弃争夺军事优势的做法，转为裁减军备，从对外扩张转向全面收缩。

中东战争

第一次中东战争

1948 年 5 月 15 日凌晨，为争夺巴勒斯坦，以色列和阿拉伯国家之间发生大规模的战争，史称第一次中东战争，也称巴勒斯坦战争。巴勒斯坦战争从阿拉伯出兵开始到以色列、叙利亚签订停战协定为止，共历时 15 个月，战争以阿拉伯国家的失败，以色列获胜而告终。战争中，阿拉伯国家军队死亡 1.5 万人，以色列军队死亡约 6000 人。战争激化了阿拉伯国家和以色列、阿拉伯国家和美、英的矛盾。从此，中东战乱不断。

第二次中东战争

第二次中东战争英法为夺得苏伊士运河的控制权，与以色列联合，于 1956 年 10 月 29 日，对埃及发动了突然袭击，这就是第二次中东战争，又称苏伊士运河战争。

整个战争过程中，英法对埃及的轰炸持续 6 天，地面战斗 40 余小时，伤亡 300～400 人，损失飞机 50 余架；以色列伤亡约 1000 人。埃及方面死亡 1000 多人，伤 2 万多人，损失飞机 200 架，五大城市遭到严重破坏。1.2 万幢住宅毁于战火。

第三次中东战争

1967 年 6 月 5 日早晨 7 时 45 分，以色列出动了几乎全部空军，对埃及、叙利亚和约旦的一切机场进行了闪电式的袭击。空袭半小时后，以色列地面部队也发动了进攻，阿拉伯国家也开始抵抗。至 10 日战争结束，阿拉伯国家失败。这就是第三次中东战争，也称"六五战争"或"六天战争"。

在六天的战争中，埃及、约旦、叙利亚三个阿拉伯国家遭受严重损失，伤亡和被俘人数达6万余人，而以色列仅死亡983人。通过这次战争，以色列占领了加沙地带和埃及的西奈半岛，约旦河西岸，耶路撒冷旧城和叙利亚的戈兰高地共6.5万多平方千米的土地，战争中有50万阿拉伯人和巴勒斯坦人逃离家园，沦为难民。

第四次中东战争

1973年10月6日，埃及、叙利亚为收复失地，经过周密准备之后，向以色列发动突然袭击，开始了第四次中东战争，又称"赎罪日战争"、"十月战争"、"斋月战争"。

这场战争历时18天。通过这次战争，埃军收复运河东岸纵深10～15千米，南北长192千米的土地，面积为3000多平方千米。以色列新占运河西岸埃及领土1900余平方千米和叙利亚戈兰高地以东440平方千米的领土。

第五次中东战争

1982年6月6日，以色列借口其驻英国大使被巴勒斯坦游击队刺杀，而出动陆海空军10万多人，对黎巴嫩境内的巴勒斯坦解放组织游击队和叙利亚驻军发动了大规模的进攻，只用了几天时间，就占领了黎巴嫩的半壁江山。这是第四次中东战争以来，以色列和阿拉伯国家之间最大的一次战争，称为"第五次中东战争"。

不结盟运动

不结盟运动，萌发于冷战时期。1956年，南斯拉夫总统铁托、埃及总统纳赛尔和印度总理尼赫鲁举行会谈，针对当时东西方两大军事集团严重对抗殃及广大中小国家的情况，提出了不结盟的主张。1961年9月，在南斯拉夫、埃及、印度和印度尼西亚等国的倡议下，首次不结盟国家首脑会议在南斯拉夫首都贝尔格莱德举行，25个国家的代表出席了会议，不结盟运动正式形成。

不结盟运动奉行独立、自主和非集团的宗旨和原则，支持发展中国家争取和维护民族独立、捍卫国家主权以及发展民族经济和文化的斗争，坚持反对帝国主义、殖民主义、种族文化和一切形式的外来统治。不结盟运动的成立是发展中国家走向联合自强的新开端，在支持和巩固成员国民族独立和经济发展、维护成员国权益等方面发挥了重要作用，成为国际社会的重要力量。

随着冷战结束，不结盟运动存在的必要性开始受到质疑。进入 21 世纪，世界政治和经济格局发生了巨大变化，不结盟运动尝试对自身进行重新定义。在新形势下，不结盟运动着重强调维护世界和平与安全，推行平等、互不侵犯、多边主义等原则，并为来自不发达地区的成员国在国际谈判中争取权益。

不结盟运动不设总部，无常设机构。它定期召开首脑会议、外长会议、协调局外长会议及纽约协调局会议等。首脑会议为不结盟运动的最重要会议，自 1970 年起，首脑会议会期制度化，每 3 年举行一次。不结盟运动各种会议均采取协商一致的原则。如有分歧，各成员国可采取书面形式向主席国正式提出保留意见，以示不受有关决议或文件的约束。

欧洲共同体的建立

欧洲统一思潮存在已久，第二次世界大战后进入高潮。1950 年，欧洲一体化先驱让·莫内和法国外长舒曼首先提出建立欧洲煤钢共同体（即舒曼计划），旨在约束德国。1951 年 4 月 18 日，法、意、联邦德国、荷、比、卢 6 国签订了为期 50 年的《关于建立欧洲煤钢共同体的条约》。1955 年 6 月 1 日，参加欧洲煤钢共同体的 6 国外长在意大利墨西拿举行会议，建议将煤钢共同体的原则推广到其他经济领域，并建立共同市场。1957 年 3 月 25 日，6 国外长在罗马签订了建立欧洲经济共同体与欧洲原子能共同体的两个条约，即《罗马条约》，于 1958 年

1 月 1 日生效。1965 年 4 月 8 日，6 国签订了《布鲁塞尔条约》，决定将欧洲煤钢共同体、欧洲原子能共同体和欧洲经济共同体统一起来，统称欧洲共同体。条约于 1967 年 7 月 1 日生效。欧共体总部设在比利时布鲁塞尔。1991 年 12 月 11 日，欧共体马斯特里赫特首脑会议通过了建立欧洲经济货币联盟和欧洲政治联盟的《欧洲联盟条约》（通称《马斯特里赫特条约》，简称马约）。1992 年 2 月 7 日，各国外长正式签署马约。经欧共体各成员国批准，马约于 1993 年 11 月 1 日正式生效，欧共体开始向欧洲联盟过渡。1999 年 1 月 1 日起在奥地利、比利时、法国、德国、芬兰、荷兰、卢森堡、爱尔兰、意大利、葡萄牙和西班牙 11 个国家开始正式使用欧元，并于 2002 年 1 月 1 日取代上述 11 国的货币。

苏联解体

1985 年戈尔巴乔夫上台后，首先把经济改革作为重点，但没有取得成果；1988 年又把改革的重点转到政治方面。在政治改革中，戈尔巴乔夫以"民主社会主义"代替"科学社会主义"。提倡"民主化"和"公开化"。对苏联历史全盘否定，造成了否定十月革命，丑化共产党和社会主义的严重后果，引起了思想混乱。1990 年，局势更加动荡，苏共中央决定放弃党的领导地位，实行多党制；苏联经济开始大滑坡；民族矛盾日益尖锐，苏共内部斗争也日趋尖锐和公开化。

1990 年，立陶宛率先宣布独立。接着，以俄罗斯为首的许多加盟共和国发表"主权宣言"，宣布本国是主权国家，本国法律高于全苏法律。

1991 年，苏联就是否保留苏联进行全民公决，大部分公民表示赞同保留苏联。此后，戈尔巴乔夫与苏联一些加盟共和国领导人就签订新的联盟条约进行磋商，于 8 月公布了《苏维埃主权共和国联盟条约》。将原"苏维埃社会主义共和国联盟"改为"苏维埃主权共和国联盟"，并将该联盟变为一个松散的联邦。此举引起党内一些高级干部的不满，于是爆发了 8·19 事件。

8 月 19 日清晨，苏联副总统亚纳耶夫宣布：总统因健康原因，即日起停止履行总统职责。不久，又宣布实行紧急状态，成立"国家紧急状态委员会"接管全部国家权力。委员会发表《告苏联人民书》。后军队开进莫斯科。而委员会的行动遭到俄罗斯联邦总统叶利钦的反对。于是形成了军队与叶利钦支持者对峙局面。美国总统布什声明，要求恢复戈氏的权力。各共和国领导人也声明支持叶利钦。尔后，叶利钦宣布接管俄罗斯境内的全部苏军。21 日夜，戈氏称"完全控制了局势"。

不久，戈尔巴乔夫宣布辞去苏共中央总书记职务，并要求苏共自行解散。

12 月 8 日，俄罗斯、乌克兰和白俄罗斯三国领导人签署明斯克协定，宣布成立"独立国家联合体"。12 月 21 日，俄罗斯等 11 国领导人在哈萨克斯坦首都阿拉木图签署《阿拉木图宣言》。独联体扩大到苏联绝大部分加盟共和国。

至此，苏联完全解体。